GS 236 Die Religion in ihrer Bedeutung für die technische Kultur

Meinen Brüdern
Hermann, Willi und Ludwig

GESCHICHTE UND STAAT

Band 236

JOHANNES B. LOTZ

Die Religion in ihrer Bedeutung für die technische Kultur

Eine Besinnung auf die Einheit des menschlichen Wirkens

GÜNTER OLZOG VERLAG MÜNCHEN — WIEN

Originalausgabe

ISBN 3-7892-7150-0

 — Umschlagentwurf: Konrad Wacker, München — Gesamtherstellung: Franz Wedl OHG, Melk-Wien

Inhalt

Vorwort

Über das Wochenende vom 10./11. Juni 1978 veranstaltete die Katholische Akademie in Bayern in Zusammenarbeit mit der Päpstlichen Universität Gregoriana (Rom) zu München eine Tagung mit dem Thema: „Religion am Ende? Die industrielle Weltkultur als Herausforderung für das Christentum“. Mir war dabei der Vortrag zugewiesen: „Die Religion in ihrer Bedeutung für die technische Kultur.“ Meine Darlegungen fanden wegen ihrer zuversichtlichen Grundhaltung begeisterte Zustimmung bei den Hörern. Im Anschluß daran trat Herr Günter Olzog an mich mit dem Vorschlag heran, meine Ausführungen weiter auszubauen und in seinem Verlag als Taschenbuch zu veröffentlichen. Da ich mich mit diesem Plan bald befreunden konnte und entsprechendes Material hinreichend zur Verfügung hatte, machte ich mich in den folgenden Monaten an die Ausarbeitung, deren Ergebnis ich jetzt vorlegen kann. Möge es einige Anregungen zu dem lebensnotwendigen Nachdenken über unsere gegenwärtige Situation vermitteln!

München, im Frühjahr 1979.

Johannes Lotz

Erster Teil: Grundlegung

Der Titel der folgenden Untersuchung wird von vornherein bei manchen Anstoß erregen. Wenn er die Religion und die technische Kultur miteinander verbindet, scheint er *unvereinbare Größen* zusammenzubringen; denn die Religion ist dem Jenseits oder dem Überweltlichen zugewandt, die technische Kultur hingegen entfaltet sich im Diesseits oder gestaltet die Welt. Wie die Religion den Menschen von der technischen Kultur wegzieht, so entfremdet diese ihn der Religion. Wer also die Religion ernst nimmt, muß auf die technische Kultur verzichten; und wer die technische Kultur mit vollem Einsatz betreibt, wird dazu gezwungen, die Religion aus seinem Leben zu verbannen. Wie sich hieraus ergibt, kann von einer Bedeutung der Religion für die technische Kultur keine Rede sein, ist somit das hier gewählte Thema verfehlt.

I. Technische Kultur und Religion

1. Auf jeden Fall gilt es, die vorstehend angedeutete Spannung, ja Widersprüchlichkeit stets im Auge zu behalten, weil in ihr eine Grund-Not und vielleicht die Grund-Not unserer gegenwärtigen Situation zum Vorschein kommt. Wie auch Heidegger herausarbeitet, ist die *technische Kultur* die Gestalt, in die heute das innerweltliche Dasein eingetreten ist. Die Welt ist technisch geprägt und wird aller Voraussicht nach immer noch umfassender technisch geprägt werden. Das gilt nicht allein von den uns umgebenden Dingen, sondern auch vom Menschen selbst und allen seinen Verhältnissen. Daher erhebt sich für den Menschen die Frage auf Leben und Tod, ob ihn die technische Kultur vollendet oder zerstört, ob sie die Funda-

mente seines Daseins sichert oder *untergräbt.* Vieles deutet gegenwärtig auf die zweitgenannte Möglichkeit hin; man denke an die Umweltverschmutzung, an das Durchbrechen einer erschreckenden Unmenschlichkeit, an den Untergang des Abendlandes, ja der Welt, der sich am Horizont abzeichnet. Viele legen die damit nur angetippte unheilvolle Entwicklung der Technik als solcher zur Last und sprechen sogar von der dämonischen Zwangsläufigkeit, mit der sie dem Abgrund entgegentreibt.

Blicken wir von der technischen Kultur her zu der *Religion* als dem anderen Pol unseres Themas hin, so bietet sich gewiß, wenn wir mit dem Christentum die anderen Weltreligionen zusammennehmen, ein eindrucksvolles Bild ihres immer noch weitreichenden und tiefgreifenden Einflusses auf den Menschen und seine Lebensbedingungen dar. Zugleich jedoch kann niemand, der sich keinen Illusionen hingibt, die bedenkliche und weltweite *Krise* verkennen, in die heute die Religion geraten ist und die sie fortschreitend bedroht und auflöst. Für viele ist das religiöse Tun nur noch eine aus der Überlieferung mitgeschleppte Formsache, die ihnen lästig ist und Überdruß bereitet, deren Sinn sie nicht mehr einsehen und die sie bei nächster Gelegenheit abwerfen. In Ungezählten ist das Organ für das Religiöse am Absterben oder bereits gänzlich abgestorben; sie sind dafür sozusagen taub und blind. Millionen sagen sich von Gott los und bekennen sich zum Atheismus, der scheinbar unaufhaltsam die Welt erobert, weshalb man ein atheistisches Zeitalter im Kommen sieht. Nicht wenige vertreten die Auffassung, der Mensch finde erst ganz sich selbst oder erreiche seine letzte Vollendung erst dann, wenn er sich radikal und für immer von Gott lossage und die Religion endgültig als die schlimmste Täuschung, der die Menschheit im Laufe ihrer Geschichte verfallen ist, entlarve. Wie zugegeben werden muß, ist an dieser Entwicklung die technische Kultur nicht nur nebenbei, sondern entscheidend beteiligt. Ja, einige meinen, sie führe wesensnotwendig den Verfall der Religion und schließlich deren Ausmerzung herbei. Daher habe die Religion nur die eine Überlebenschance, sich von der technischen Kultur zu trennen und sich auf die reine Innerlichkeit zurückzuziehen, sich also ihr eigenes Reich neben der technischen Welt zu bauen.

2. Nach allem erreicht die eingangs erwähnte Spannung ihre tödliche Schärfe in dem Gegeneinander von *gott-loser* Technik und *welt-loser* Religion. Nun fragt es sich, ob diese Widersprüchlichkeit mit dem *Wesen* der Sache, der beiden Pole, gegeben und daher unabwendbar sei. Auf den Weg einer Antwort bringt uns das genauere Betrachten der beiden Pole in der extremen Zuspitzung, die sie erfahren haben. Zu prüfen bleibt, warum die *Technik* in ihrer heutigen Verfassung den Menschen bis aufs äußerste bedroht. Hat das seinen Grund in der Technik selbst, in ihrem ureigenen Wesen oder in ihrer *heutigen Verfassung?* Und weiter worin liegt die Wurzel dieser Verfassung? Sicher spielt dabei das Herausfallen der Technik aus der Ganzheit des Menschen eine wichtige Rolle. Sie hat sich selbständig gemacht und überwuchert den Menschen, indem sie ihn ganz ihrer Eigenart unterwirft und seine übrigen Seiten dementsprechend umbildet. Zu jener Ganzheit gehört aber wesentlich die Religion, was durch das gegenteilige Empfinden weiter Kreise nicht geändert werden kann. Wir fügen die Vermutung bei, daß dieselbe Ganzheit gerade und hauptsächlich durch das Dahinschwinden der Religion geschwächt wird und sich auflöst, wodurch sie die alles vergewaltigende Technik nicht mehr zu integrieren vermag und deren leichte Beute wird. Demnach wäre nur die gott-lose Technik jene menschengefähr-

dende Macht, aber sie wäre nicht ihrem Wesen nach gott-los.

Auf ähnliche Weise bleibt zu prüfen, warum die *Religion* in ihre gegenwärtige Krise geraten ist. Hat das seinen Grund in der Religion selber, in ihrem ureigenen *Wesen* oder in einer bestimmten Verfassung ihrer selbst? Im ersteren Falle wäre die Religion von innen her zum Untergang verurteilt, weil ihr illusionistischer Charakter auf die Dauer nicht verborgen bleiben könnte und die Wahrheit allmählich ihre Nichtigkeit ans Licht bringen müßte. Im letzteren Falle wäre die *Verfassung* zu klären, die sie zur bewältigenden Durchdringung der Technik unfähig macht, ja sie grundsätzlich von einer solchen Durchdringung ausschließt. Unfähig wird die Religion zu jener Durchdringung, wenn sie sich von der entarteten Technik zu der Meinung verleiten läßt, die Technik stehe der Religion völlig heterogen gegenüber und weise sogar deren formenden Einfluß als etwas mit ihrem Wesen und ihrer Entfaltung Unvereinbares zurück. Die Religion schließt sich wesentlich von jener Durchdringung aus, wenn sie sich als reine Innerlichkeit und Jenseitigkeit mißversteht, die als solche mit dem weltgestaltenden Tun der Technik nichts zu tun hat und sich durch jedes Einlassen darauf nur stört und zerstört. Demnach wäre nur eine welt-lose Religion zum Zwiespalt mit der Technik verdammt, aber sie wäre nicht ihrem Wesen nach welt-los.

3. Als *Ergebnis* unserer Vorüberlegungen dürfen wir buchen: Wenn Religion und technische Kultur in der sie gegenwärtig weithin beherrschenden Verfassung bleiben, richten sie sich beide zugrunde und werden sie über kurz oder lang zugrunde gehen. Daher kommt alles darauf an, daß sie jene Verfassung überwinden und so sich in ihrem *geläuterten Wesen* ausprägen, wodurch sie nicht nur ihr Bestehen sichern, sondern

auch vermöge ihres je eigenen Wesens zueinander hinfinden. Einzig indem sie zu ihrem je eigenen Wesen und damit zueinander kommen, sind sie imstande, ihr Bestehen zu sichern. Das Sich-treffen von Religion und Technik darf aber nicht kurzschlüssig und deshalb zwangsweise herbeigeführt werden, sondern muß sich aus dem Zurückführen auf das beiderseitige Wesen sozusagen von selbst ergeben. Das geschieht, wenn wir ihre *gemeinsame Wurzel* freilegen, die im Menschen liegt, da beide ja Betätigungen des Menschen sind. Schärfer gesagt, sind beide nur verschiedene Seiten des einen *menschlichen Tuns,* weshalb es zu begreifen gilt, wie sie sich in dessen Einheit ebenso voneinander absetzen wie einander durchdringen, wie sie einzig dadurch ihre echte Entfaltung erreichen, daß sie in ihrer Eigenart auseinandertreten und zugleich wegen ihres Gemeinsamen ineinanderschwingen. Allein von dieser Tiefe her wird sich wahrhaft die Bedeutung der Religion für die technische Kultur zeigen, und zwar auf eine Weise, die mächtig genug ist, um sich gegen den Sog unserer Zeit durchzusetzen oder diesen durch den unserem Wesen entspringenden Zug zu bändigen.

Ein Geleit bei dieser Aufgabe vermag uns *Aristoteles,* der große Denker der Antike, zu bieten, der einen großangelegten Entwurf der viel-einheitlichen Struktur des menschlichen Tuns vollzieht. Das von den Griechen her Überlieferte bringt uns Thomas von Aquin, der größte Denker des Mittelalters, durch seinen Kommentar zur Nikomachischen Ethik des Stagiriten nahe[1]). Dabei zeichnet sich in der *Einheit* des menschlichen Tuns die *Dreiheit* von Theoria, Praxis und Poiesis ab. Von dieser Trias ausgehend und sie weiter entfaltend, bestimmen sich die Eigenart und der Ort, das Zueinander und Ineinander von

[1]) *Aristoteles,* Metaphysik E, 1025 b, 25 f.; *Thomas von Aquin,* Kommentar zur Ethik, I. Buch, 1. Lektion.

Religion und Technik innerhalb des einen menschlichen Wirkens. Hat uns ein so weit hergeholter, in einer von der unseren so tiefgreifend verschiedenen Situation entstandener Entwurf für die Klärung unserer heutigen Fragen noch etwas zu sagen? Die Antwort läßt sich mit Heidegger dahingehend formulieren, daß das Älteste auch das Zukünftigste ist, falls es das wahrhaft Ursprüngliche ist. Was am weitesten in den Ursprung zurückreicht, greift auch am weitesten in die Zukunft voraus, erweist sich also auch als grundlegend und maß-gebend für unsere Gegenwart. Das werden, wie wir hoffen, die folgenden Darlegungen erhärten.

4. Im übrigen führt uns allein schon das Wort *Technik* zur *Antike* zurück. Es leitet sich von dem griechischen „technikon" her, das „solches meint, was zur ‚techne' gehört"; diese aber „geht von früh an bis in die Zeit Platons mit dem Wort ‚episteme' zusammen". „Beide Worte sind Namen für das Erkennen im weitesten Sinne. Sie meinen das Sichauskennen in etwas, das Sichverstehen auf etwas" und damit „ein Entbergen". „Das Entscheidende der ‚techne' liegt somit keineswegs im Machen und Hantieren, nicht im Verwenden von Mitteln, sondern in dem genannten Entbergen. Als dieses, nicht aber als Verfertigen, ist die ‚techne' ein Hervor-bringen"[2]). Demnach ist unserer Technik von der griechischen ‚techne' her mit auf den Weg gegeben, daß sie nicht ein unerhelltes Können sei, nicht ein blindes Voranstürmen, das sich um das Verstehen seiner selbst nicht kümmert. Damit sind wir am Ende, von Angst und Schrecken vor dem befallen, was wir so ausgelöst haben. Um nicht daran zu scheitern, werden wir angetrieben, von unserer Technik zu der Bedeutungsfülle der anfänglichen

[2]) *M. Heidegger,* Die Frage nach der Technik, in: Vorträge und Aufsätze. Pfullingen 1954, S. 20 f.

‚techne' zurückzukehren oder uns um das Verstehen unseres Könnens aus dem Gesamtzusammenhang des menschlichen Wirkens zu bemühen.

II. Das Gesamtgepräge des menschlichen Tuns

1. Bevor wir nun auf die bei Aristoteles aufleuchtende Dreiheit eingehen, haben wir uns dem durchgängigen Gesamtgepräge unseres Tuns zuzuwenden, das beim Sprechen von der technischen *Kultur* in dem Wort „Kultur" zum Ausdruck kommt. Allbekannt ist seine Herkunft vom lateinischen „colere", was „pflegen", pflegend nicht nur bewahren, sondern auch zur Entfaltung bringen besagt. Nach seiner Gesamtbedeutung umfaßt das Wort über die pflegende Tätigkeit des Menschen hinaus vor allem deren Ergebnis oder Produkt, wie sich an „Obstkultur" zeigt. Näherhin geht es bei der Kultur um das *Entfalten* dessen, was sich in den Dingen und im Menschen selbst nicht von Natur aus oder auf Grund der Naturgesetze entwickelt, sondern allein durch den *Einsatz des Menschen* verwirklicht wird. Ohne diesen Einsatz bliebe all das daraus Hervorgehende unentfaltet oder unverwirklicht, gäbe es lediglich die Natur, nicht aber die Kultur. Diese ist also etwas ausgesprochen Menschliches oder mit dem Menschen Korrelatives. In ihr bringt er immer wieder Neues, bisher nicht Erreichtes und von der Natur allein nie Erreichbares hervor[3]). Damit wollen wir jedoch nicht einen naiven Fortschrittsglauben vertreten, der sich einbildet, die kulturelle Entwicklung ginge stets geradlinig aufwärts.

[3]) *R. Maurer*, Kultur, in: Handbuch philosophischer Grundbegriffe, II. Bd. München 1973, S. 823—832. „So ist alles Kultur, was nicht Natur ist. Kultur ist geleistet, ist Schöpfung nach menschlichem Entwurf; Natur ist gewachsen" (S. 823).

Vielmehr haben wir ständig im Blick, daß Errungenschaften wieder verlorengegangen sind, heute verlorengehen und in Zukunft verlorengehen werden. Außerdem ist es möglich und beobachten wir, wie an die Stelle hochwertiger Gebilde minderwertige und sogar wertwidrige Gemächte gesetzt werden, aus Unkenntnis oder aus Bosheit oder aus tragisch unentwirrbaren Verhängnissen.

Im Hervorbringen kultureller Werke zeigt sich die *schöpferische Veranlagung* oder, wie man heute sagt, die Kreativität des Menschen. Doch ist gerade dem gegenwärtig Lebenden vor Augen zu halten, daß er nicht schlechthin ein Schöpfer oder nicht imstande ist, etwas aus dem Nichts oder in voller Unabhängigkeit zu bilden. Genaugenommen ist er in vielfältiger Hinsicht abhängig oder auf das *Vorgegebene* angewiesen; sein Schaffen ist kein Erschaffen, weil er jederzeit mit den zugrunde liegenden *Möglichkeiten* zu rechnen hat und nicht einmal einen Zoll über sie hinausgehen kann. Die aktiven Möglichkeiten betreffen seine eigene Schaffenskraft oder umschreiben die Reichweite der Befähigung dessen, der die Werke hervorbringt. Die passiven Möglichkeiten hingegen finden sich in dem vorliegenden Werkstoff oder Material, aus dem die Werke hervorgebracht werden. Als Beispiele mögen dienen das Vermögen des Bildhauers zum Gestalten einer Statue und die Eignung des Marmors dazu, daß aus ihm eine Statue gestaltet wird. Beide Arten von Möglichkeiten müssen einander entsprechen; wenn eine von beiden hinter der andern zurückbleibt, kann das Werk nicht zustande kommen. Außerdem ist erforderlich, daß die Möglichkeiten nicht nur abstrakt, sondern auch *konkret* gegeben seien. Im gedanklichen Entwurf erscheint manches als möglich, was in dieser bestimmten Situation sich als unmöglich erweist, weil die Vorbedingungen seiner Verwirklichung nicht erreicht sind.

Das zeigt sich deutlich am Beispiel des Fluges zum Mond, der von Jules Verne zwar als abstrakte Möglichkeit geschildert wurde, aber erst in unseren Tagen wegen der nunmehr entwickelten Vorbedingungen verwirklicht werden konnte. Wer tun will, was noch nicht an der Zeit ist, wird scheitern, wovon die Geschichte manche tragischen Fälle berichtet.

2. Mit der Kultur hängt untrennbar die *Geschichte* zusammen; wo Kultur, dort Geschichte; wo Geschichte, dort Kultur. Zwar finden wir auch im untermenschlichen Bereich ein Werden oder eine fortschreitende Entwicklung, eine Entwicklung sowohl der Einzelnen als auch der Arten; im letzteren Falle spricht man von Evolution. Doch handelt es sich hier um Geschichte im *uneigentlichen* Sinne, weil das Werden aus der unbewußten Spontaneität der Natur hervorgeht; es wird ohne das Zutun der betreffenden Organismen von ihnen passiv erlitten oder geschieht gleichsam über ihren Kopf hinweg. Im Gegensatz dazu ist die Geschichte im *eigentlichen* Sinne ein qualifiziertes Werden oder jenes Werden von eigener Art, das sich erst und allein durch das *bewußte Tun des Menschen* entfaltet; daran ist der Mensch nicht nur als passiv erleidendes Objekt, sondern auch als aktiv gestaltendes Subjekt beteiligt. Das unlösbare *Ineinander von Objekt und Subjekt* macht das Wesen der Geschichte aus; wer nur Objekt ist, gehört dem untergeschichtlichen, und wer nur Subjekt ist, dem übergeschichtlichen Bereich an. Daher bleibt selbst die große geschichtliche Persönlichkeit, die mit hervorragender Kreativität vieles in Gang bringt und deshalb in seltenem Ausmaß Subjekt des Geschehens ist, immer auch dessen Objekt, was sich am Mißlingen groß angelegter Unternehmungen wegen widriger Umstände zeigt. Umgekehrt bleibt auch der Mann von der Straße, der lediglich Objekt des Geschehens zu sein scheint, immer noch dessen Sub-

jekt, weil er zu den von anderswoher bestimmten Ereignissen so oder so Stellung nehmen, auf sie mit begeisterter Zustimmung oder mit flammendem Protest reagieren kann, wodurch nicht selten der Lauf der Dinge geändert wird. So können einige Entwicklungen verhindert, andere in die Wege geleitet werden, was aber nicht der zügellosen Demagogie überlassen werden darf, sondern mit Bedacht vollzogen werden muß[4]).

Insofern der Mensch als Subjekt nie aufhört, Objekt zu sein, ist er nicht nur gezwungen, sich den vorhandenen Möglichkeiten anzupassen, sondern auch verpflichtet, *nicht willkürlich* mit ihnen umzugehen. Der Verantwortungsbewußte hat ständig zu prüfen, ob es sich lohnt und sinnvoll ist, das, was er verwirklichen kann, tatsächlich zu verwirklichen. Vor allem bei weittragenden Plänen wird er, soweit seine Einsicht reicht, zu erkennen suchen, ob das Geplante wahren Nutzen stiftet oder auf die Dauer nicht-wiedergutzumachenden Schaden anrichtet. Wenn dabei selbst der Gewissenhafte nicht gegen Fehlentscheidungen gefeit ist, wird der Leichtfertige gewiß Katastrophen heraufbeschwören. Besonders wichtig ist es in dieser Hinsicht, die vorhandenen Möglichkeiten gegeneinander abzuwägen, damit nicht die sekundären unter ihnen vielleicht im Übermaß verwirklicht werden, während die primären unentfaltet bleiben oder wenigstens verkümmern. Ebenso gilt es, die Teilmöglichkeiten den Gesamtmöglichkeiten ein- und unterzuordnen, damit nicht diese von jenen verdrängt werden oder jene sich an die Stelle dieser setzen, was zu einer grenzenlosen Verwirrung führt.

[4]) *J. Lotz,* Geschichtlichkeit, in: Philosophisches Wörterbuch (Hrsg. W. Brugger). [15]Freiburg 1978, S. 136—138; *derselbe,* Zur Geschichtlichkeit des Menschen, in: Scholastik 26 (1951), S. 321 bis 341.

3. Verweilen wir noch einen Augenblick bei der *Struktur des aktiven Gestaltens,* das die Geschichte zur Geschichte macht. Darin spielt die entwerfend-planende *Erkenntnis* eine grundlegende Rolle. Sie blickt über das bereits Verwirklichte hinaus und erspäht in ihm Möglichkeiten, die noch der Verwirklichung harren. Diese fügt sie zum Ganzen eines neuen Gebildes zusammen, das sie planend entwirft, indem sie zugleich die Mittel, die seine Verwirklichung erfordert, ausfindig macht und auf das neue Ziel hinordnet. Weil es hier um einen Entwurf oder ein Projekt geht, ist das entsprechende Erkennen als *projektiv* zu bezeichnen; seine Eigenart besteht darin, daß das Objekt vom Subjekt bestimmt wird. Ihm wohnt aber stets und wesentlich das *objektive* Erkennen inne, wobei das Subjekt vom Objekt bestimmt wird. Es stellt fest, ob das Ziel und die Mittel ein solches Fundament in der Wirklichkeit haben, daß sie realisierbar sind. Sonst gibt sich der Mensch mit leeren Phantastereien ab, bei deren Verwirklichung er notwendig scheitert.

Was das Erkennen entwirft, zieht den Menschen an und lockt ihn dazu hin, das Entworfene auch zu verwirklichen. Damit wird sein Wollen und namentlich dessen Freiheit in Bewegung versetzt, deren *Entscheidung* und deren *Wahl* angerufen ist. Zu entscheiden ist, ob das Projekt in Angriff genommen werden soll; zu wählen ist zwischen verschiedenen konkreten Gestaltungen des Zieles sowie zwischen verschiedenen konkreten Mitteln, die zur Verfügung stehen. — Wenn Entscheidung und Wahl getroffen sind, schließt sich die *Ausführung* an, die ganz von dem vorausgehenden Erkennen und Wollen durchformt ist, die das entsprechende Können und die erforderliche Tatkraft verlangt. Alles kommt auf das sachgemäße Arbeiten an, das sich durch keinerlei sachfremde oder gar sachwidrige Einflüße wie Ruhmsucht oder Gewinnstreben von der vorgezeichneten Bahn abbringen läßt, also nur das zu verwirklichende Werk im Auge hat.

4. Unsere bisherigen Darlegungen umfassen die geschichtliche Kultur in ihrem Gesamtgepräge; eines ihrer Teilgebiete ist die *technische Kultur*, deren Eigenart bereits durchschimmerte, nach ihren genauen Konturen aber erst im folgenden bestimmt wird. Dafür ist der Unterschied der wahren *Kultur* von der bloßen *Zivilisation* bedeutsam. Kurz gesagt, verkehrt sich die Kultur in Zivilisation, wenn sie ihre Seele verliert. Dieser Fall tritt aber ein, sobald Teilbereiche des menschlichen Wirkens den Zusammenhang mit dessen Gesamtheit verlieren, nicht mehr davon durchformt und gehalten sind. Die Folge ist, daß solche Bereiche, nicht mehr vom Ganzen durchlichtet, undurchsichtig und unbegriffen betrieben werden, was zu ihrer übersteigerten Entwicklung auf Kosten des Ganzen führt. Dabei gerät man oft in Strukturen hinein, die nicht nur dem Ganzen, sondern sogar dem Teilbereich selbst zuwiderlaufen, was man an manchen Erscheinungen unserer Zeit ablesen kann; so richtet etwa ein überspannter Leistungssport den gesunden Sport zugrunde. Die Zivilisation geht vor allem dann in die Irre, wenn die überentwickelten Teilbereiche von peripherer Art sind. Hierbei verschieben sich die Proportionen schließlich vom Menschlichen ins Unmenschliche, wodurch die Zivilisation zum *Feind* der Kultur wird, die ja gerade das ausgesprochen Menschliche ist und deren ganzer Sinn sich darin erfüllt, den Menschen in seiner Menschlichkeit fortschreitend zu vollenden.

Zweiter Teil: Die Theoria

Wir kommen zu den drei Stufen, die Aristoteles im menschlichen Wirken herausarbeitet, und zwar zunächst zu deren erster, nämlich zur „theoria". Jedesmal, wenn wir dieses Wort im Sinne seiner griechischen Urbedeutung gebrauchen, schreiben wir „Theoria", um sie schon in der Wortgestalt von dem abzuheben, was heute „Theorie" heißt.

I. Theorie und Theoria

1. Die *Theorie* bezeichnet heute ein *wissenschaftliches Gebilde,* nämlich entweder ein Wissensgebiet wie die Erkenntnistheorie oder eine bestimmte Lehre wie die Evolutionstheorie. Immer geht es dabei um das wissende Bewältigen gewisser Gegebenheiten, die ungelöste Fragen enthalten und der Klärung bedürfen; diese wird in der entsprechenden Theorie formuliert, von der die vorliegenden Tatsachen in einen möglichst durchgängigen Zusammenhang gebracht und durch Rückführen auf schon Feststehendes oder auf die aller Forschung zugrunde liegenden Grundsätze erläutert und verständlich gemacht werden. Genauerhin unterscheidet sich die Theorie von der bloßen *Hypothese;* diese ist ein zwar durch bestimmte Überlegungen naheliegender, aber noch keineswegs gesicherter Lösungsversuch; jene hingegen beansprucht, eine durch überzeugende Gründe gesicherte Lösung zu bieten[5]).

Außerdem wird die *Theorie* von der *Praxis* abgehoben, dem Leben, unserem Handeln und Tun gegenübergestellt. Dabei gilt die Theorie im Vergleich zur

[5]) *H. F. Spinner,* Theorie, in: Handbuch philosophischer Grundbegriffe, III. Bd. München 1974, S. 1486—1514, bes. das Schema S. 1491.

Praxis als das Minderwertige, wie das Goethe-Wort zeigt: „Grau ist alle Theorie, grün ist allein des Lebens goldener Baum". Näherhin erscheint die Theorie als etwas nur Erdachtes, rational Erklügeltes, künstlich Zusammengebautes, Lebens- und Weltfremdes, Blutleeres. Statt sich aus der Erfahrung zu nähren, geht sie an ihr vorbei, ja steht sie oft mit ihr im Widerspruch und wird von ihr widerlegt; statt dem Leben zu dienen, vergewaltigt und erstickt sie dessen reiche Entfaltung, weshalb L. Klages vom „Geist als Widersacher der Seele" schreiben konnte. Schließlich streitet man der Theorie überhaupt die Befähigung ab, zur Wahrheit zu gelangen; dadurch kommen Pragmatismus und Marxismus zu der Annahme, die *Praxis allein* sei imstande, die *Wahrheit* zu finden oder einen gesicherten Weg zur Wahrheit zu bauen. Dagegen steht freilich die alte Erfahrung: der beste Weg zur Praxis ist eine gute Theorie, wobei sich beide wechselseitig erhellen. Zugleich lehrt die Gegen-Erfahrung: eine Praxis, die ohne eine gute Theorie ans Werk geht, greift so und so oft daneben und wird durch die verhängnisvollen Folgen ihrer Fehlentscheidungen immer wieder zu Korrekturen und Neuanfängen gezwungen, die unnötig Zeit und Mittel vertun.

Die vorstehend skizzierten Verirrungen vermitteln vielen die Einsicht, daß eine gute Theorie oder eine solche, die Wahrheit eröffnet, einzig aus der *Erfahrung* gewonnen werden kann und an ihr ständig zu überprüfen ist. Dabei wird Erfahrung von den meisten als die gegenständlich-*innerweltliche* Erfahrung der Außen- und Innen-Welt genommen, der einzig dann Wahrheit zugebilligt wird, wenn sie möglichst durch das Experiment und die mathematische Berechnung sowie durch statistische Methoden erhärtet ist. Darauf ganz eingestellt und festgelegt, meint man, das *Überweltliche* entziehe sich jeder Erfahrung, weil es der eben beschriebenen Erfahrung nicht zugänglich ist. Dementsprechend hält man alle *Theorien*, die diesen Bereich betreffen, für *ungesicherte* Vermutungen, die mit Wissenschaft nichts zu tun haben, für leere Konstruktionen ohne Wahrheitsgehalt oder für, was den meisten dasselbe besagt, unverbindliche Spekulationen. In Folge davon ist nach einigen das Überweltliche zwar nicht in einer Theorie, wohl aber auf anderen Wegen zu fassen; so nennt es L. Wittgenstein das Mystische, das einer nur zu erschweigen vermag: „Wovon man nicht sprechen kann, darüber muß man schweigen"[6]). Andere hingegen behaupten, das in einer Theorie nicht Einzufangende gebe es überhaupt nicht, weshalb sie das Überweltliche leugnen.

Wer solche Wege beschreitet, ist für die Tatsache blind, daß der gegenständlichen Erfahrung eine andere Art von Erfahrung als deren ermöglichender Grund innewohnt; ihm ist die *übergegenständliche Erfahrung* des Überweltlichen verschlossen, die nicht weniger, sondern mehr Erfahrung als die gegenständliche ist. Daher läßt sich auch für das *Überweltliche* oder Metaphysische eine *Theorie* bilden, die aus der Erfahrung schöpft und an ihr überprüfbar ist und folglich Wahrheit enthält. Die Überprüfung oder Sicherung geschieht nicht durch die empirische, sondern durch die *transzendentale Verifikation*. Erstere bewegt sich innerhalb der gegenständlichen Erfahrung und erweist eine Theorie dadurch als wahr, daß sie zur Erklärung bekannter Tatsachen notwendig ist, dadurch aber als falsch, daß sie bekannten Tatsachen widerspricht oder nicht mit ihnen vereinbar ist. Letztere entfaltet sich innerhalb der übergegenständlichen Erfahrung und arbeitet heraus, daß das Vollziehen des innerweltlichen Erfahrens notwendig das erfahrende

[6]) *L. Wittgenstein,* Logisch-philosophische Abhandlung. Ausg. Frankfurt 1963, Nr. 7.

Bejahen des Überweltlichen einschließt oder umgekehrt das Leugnen des überweltlichen Erfahrens und damit des Überweltlichen selbst dem innerweltlichen Erfahren und darum dem Innerweltlichen selbst den Boden entzieht[7]).

2. Auf dem Hintergrund unserer Umschreibung der modernen Theorie läßt sich unschwer *der Sinn der Theoria,* wie sie Aristoteles in die Wege geleitet hat, verdeutlichen und entfalten. Theoria und das Tätigkeitswort „theorein" deuten auf das Schauen hin oder meinen das *schauende Verhalten,* in dem uns die Wahrheit aufleuchtet. Diese aber kommt dadurch zustande, daß sich uns im Schauen das Wirkliche so zeigt, wie es ist, sich uns das Verhüllte enthüllt oder das Verborgene entbirgt. Solches Schauen ist mit *Erfahren* gleichbedeutend, wobei das *Wirkliche* unser Verhalten bestimmt und erfüllt. Daher beschäftigen wir uns nicht mit Gebilden, die wir entwerfen, sondern mit dem Wirklichen, wie es unabhängig von uns besteht, das sich uns darbietet und dem wir als einem Vorgefundenen begegnen. Das Leitwort „Zu den Sachen selbst", das E. Husserl über seine Phänomenologie geschrieben hat, gilt auch hier[8]). Dementsprechend ist das Wirkliche der Maßstab für unser Schauen und nicht ist umgekehrt unser Schauen der Maßstab für das Wirkliche.

Durch die kopernikanische Wendung *Kants,* für den sich die Gegenstände nach der Erkenntnis richten, verdorben, sind wir nicht mehr fähig, diesen einfachen Tatbestand vorurteilslos zu sichten. Hier lagert sich die abwegige Theorie des Königsbergers über unsern spontanen Lebensvollzug und verdunkelt die Theoria

[7]) *J. Lotz,* Transzendentale Erfahrung. Freiburg 1978.

[8]) Weiter geführt bei *M. Heidegger,* Sein und Zeit. [11]Tübingen 1967, S. 27 ff. Für Husserl ist die Sache das Eidos, das sich in der „Wesenserschauung" als der „originär gebenden Anschauung" zeigt (Ideen . . ., S. 43).

oder das Schauen dessen, was ist. Doch setzt sich das Leben mit seinem „theorein", seinem Schauen des Wirklichen ständig gegen die Theorie Kants und aller seiner Anhänger durch, womit diese als lebensfremd und *lebenswidrig* erscheint und gebrandmarkt wird. — Gewiß haben wir von Kant zu lernen, daß ständig *Kritik* vonnöten ist, nämlich das sorgfältige Scheiden, das in dem Wort „Kritik" liegt, insofern es von dem griechischen krinein = scheiden herkommt. Zu scheiden haben wir zwischen dem *Wirklichen,* das sich uns zeigt und das wir entdecken, und den *Vorstellungen,* die wir uns davon machen und mit denen wir das Entdeckte verdunkeln, entstellen und verdecken. Demnach schließen Schauen und Kritik keineswegs einander aus; vielmehr ist reifes Schauen kritisch, indem es das Wirkliche von unseren Vorstellungen absetzt; nur das unreife Schauen ist unkritisch, indem es das Wirkliche mit dem nur Vorgestellten vermischt oder wenigstens nicht klar davon abhebt. — Auf jeden Fall ist *Kants Theorie,* die uns das Wirkliche entzieht und uns auf das Vorgestellte beschränkt, insofern *unkritisch,* als sie das Wirkliche nicht vom nur Vorgestellten scheidet; insofern sie das Wirkliche im Vorgestellten untergehen läßt, verfällt sie einer Hyperkritik, die in ein unkritisches Verhalten umschlägt. Weil schließlich diese Theorie folgerichtig die Theoria unmöglich macht, entgleitet ihr die Wahrheit, ist sie nicht nur wirklichkeits-, sondern auch *wahrheitsfremd.*

Das eben Gesagte wirkt sich auch und gerade im *technischen* Zeitalter aus. Das von uns gesetzte Vorgestellte prägt sich heute als das von uns *Machbare* aus; wenn alles nur Vorgestelltes ist, hält der Mensch folgerichtig alles für ein Machbares oder sind der Machbarkeit keine Grenzen gezogen. Dadurch, daß zugleich das Wirkliche mit seinen vorgegebenen Strukturen nicht zugänglich ist, entschwindet das Nicht-

Machbare, das allem Machen Vorgegebene und Überlegene aus dem Blick des Menschen, weshalb er mit uneingeschränkter Willkür schalten und walten zu können wähnt. Auf die Dauer jedoch wird der vom Machbaren Besessene durch dieses selbst auf das *Nicht-Machbare* gestoßen, weil er sich auf das genaueste an die Strukturen des letzteren halten muß, um beim Verwirklichen des ersteren nicht Schiffbruch zu leiden. Ein Beispiel dafür bietet der Flug zum Mond, bei dem schon die geringste Abweichung von den Gesetzlichkeiten der verwendeten Stoffe und Kräfte alles zunichte macht. Sobald aber der Mensch allzu sehr von den vorgegebenen Strukturen abweicht und gegen sie frevelt, rächen sich diese durch Katastrophen sozusagen an ihm, wodurch er fast gewaltsam auf sie gestoßen und zu deren sorgfältigem Beachten erzogen wird. In diese Zusammenhänge leuchtet Erhard Kästner mit seinem Essay „Der Aufstand der Dinge" hinein[9]); darauf weisen auch die heute überaus drängenden Fragen bezüglich der Umweltverschmutzung hin. Am Falle Kants läßt sich studieren, wie seine Theorie der Erkenntnis, die alle Theoria unmöglich macht, sich bis in die sorgenreichsten Probleme der Gegenwart hinein auswirkt.

II. Die Eigenart der Theoria

1. Das vorstehend verdeutlichte Schauen geschieht immer schon im *alltäglichen* Dasein als Welt- und Lebensorientierung; es beginnt schon im Kind und *wächst* mit den Jahren, bis es allmählich zu einer gewissen Reife kommt, ohne aber je abgeschlossen zu sein, solange einer wachen Geistes ist. Immer mehr

[9]) *Erh. Kästner*, Aufstand der Dinge, in: Ensemble, 4. Internationales Jahrbuch für Literatur. München 1973, S. 118—138.

Wirkliches nimmt der Mensch auf und immer mehr nimmt er das Wirkliche auf, was ein quantitatives und qualitatives Wachsen besagt; immer mehr kennt er sich im Wirklichen aus und weiß er so damit umzugehen, daß es sich wahrhaft als das Wirkliche zeigt, das es ist, daß alle trügerischen Illusionen demaskiert und zurückgelassen werden. Dabei wird er von seinem unersättlichen Hunger und Durst nach Wirklichem vorangetrieben, bis er beglückt in dessen Reichtum ruhen kann; doch auch bei ihm bleibt er nicht stehen, sondern wächst ständig aus der Breite in die Tiefe. So reift die Theoria in die *Weisheit* dessen, der mittels der Fülle des Wirklichen in die Fülle des Menschentums hineinschreitet, statt an einem kümmerlichen Rest von Wirklichem selbst zu verkümmern. Die vollendete Theoria ist die *umfassende Kommunikation* mit der ganzen Wirklichkeit, wobei es mehr auf die Tiefe als auf die Breite ankommt und vor allem jene nicht durch diese erstickt wird.

Die hier beschriebene Theoria entwickelt sich, indem der Mensch Erfahrungen mit ihr macht, im *konkreten Erfahren*, nicht in abstrakten Überlegungen, also ohne Theorien. Doch wird er durch die Theoria selbst auch dazu angetrieben, von ihr zu *Theorien* fortzuschreiten, um Unbestimmtes zu bestimmen und Ungeklärtes zu klären, wobei er auch zu wissenschaftlichen Theorien gelangt. Solange diese von der Theoria genährt, getragen und immer wieder an ihr überprüft werden, sind sie gesichert und von Wahrheit gesättigt und damit gute Theorien, die dem Leben dienen. Lebensfremd und *lebensfeindlich* werden die Theorien erst, wenn sie sich von der Theoria trennen und sich selbständig machen. Damit vom Wirklichen abgeschnitten, verlieren sie sich in leere Konstruktionen, deren Wahrheitsgehalt sich im selben Maße verringert, wie sie sich von der Theoria entfernen und sie als unzuverlässig abtun. Das wissenschaftliche Verarbeiten macht die ursprüngliche Theoria nicht überflüssig; daher ist das sogenannte wissenschaftliche Zeitalter zusammen mit der Weltanschauung, die sich als die allein wissenschaftliche rühmt, auf einem Irrweg begriffen, wenn es einzig auf die Wissenschaft bauen will. Indem wir das Rationale in den Schoß des Lebens einbetten, bezweifeln wir jedoch keineswegs die unersetzliche Bedeutung der Wissenschaft.

2. Wie man leicht sieht, ist die *Theoria* nicht von der *Praxis* getrennt und erst recht nicht ihr entgegengesetzt, sondern die sich von innen her erhellende Praxis selbst. Sie wohnt also der Praxis als ihre Wurzel und ihr Maß inne, weshalb sie nicht nachträglich und künstlich mit ihr zusammengebracht werden muß, was einzig bei der Theorie nötig ist. Infolgedessen trägt auch die Theoria den Ausweis ihrer Wahrheit in sich selbst und bedarf nicht einer von ihr verschiedenen Praxis, um in ihrer Wahrheit gesichert zu sein. Von hier aus zeigt sich die Theoria als *das Vermittelnde* zwischen den Theorien und der Praxis; diese fallen auseinander, wenn jene verschwindet. Ohne die Theoria kommt es zu der unerhellten, oft allzu blind voranstürmenden Praxis, die einzig durch das Erwecken der in ihr schlummernden Theoria wahrhaft mit den Theorien vermittelt werden kann. Umgekehrt bilden sich ohne die Theoria Theorien heraus, die praxisfremd sind und ebenfalls einzig durch das Explizieren der in ihnen implizierten Theoria wahrhaft und fruchtbar mit der Praxis zusammengeführt werden können.

3. Wir haben die Theoria als *Welt-* und *Lebensorientierung* charakterisiert; denn in ihr geht dem Menschen auf, wer er selbst im Zusammenhang der Gesamtwirklichkeit ist. Namentlich gehört er in die *Welt* hinein; auf vielfältige Weise mit den Dingen und den übrigen Menschen verflochten, ist er ohne die ihn

umgebende Welt nicht lebensfähig. Doch lebt er als *Person* in der Welt und in der Gesellschaft, nämlich ausgestattet mit Ich-Bewußtsein und freier Selbstverfügung, wodurch er, auf sich selbst gesammelt, sich selbst gehört. Daher ist er primär als er selbst und um seiner selbst willen, nur sekundär als Glied des Ganzen und um des Ganzen willen da. Er ist stets und wesentlich „Zweck an sich selbst" (Kant)[10]) und darf nie als bloßes Mittel zum Zweck eingeschätzt und eingesetzt werden; jederzeit ist seine unantastbare Würde und seine einzigartige Kostbarkeit zu achten. Das gilt von jedem Menschen; in diesem Innersten sind sich alle gleich, mögen sie auch noch so verschieden in mannigfacher Hinsicht sein. Alle Standes- und Klassen-, alle Bildungs- und Rassenunterschiede werden von diesem Gemeinsamen her relativiert; daher wird es sich in ihnen immer wieder durchsetzen, trotzdem sie es oft verdunkeln und weithin unwirksam machen[11]).

Gegen die Einseitigkeiten des zu Ende gehenden Individualismus und des neu aufgestiegenen Kollektivismus bringt die Theoria unablässig das *ausgewogene Menschenbild* zum Aufleuchten, nach dem die Person dem Ganzen dient, ohne vom Ganzen verschlungen zu werden oder gar in ihm sich aufzulösen. Davon werden alle Gegen-Theorien immer neu in Frage gestellt und von der Wurzel her überwunden; die Erfahrung, die der Mensch in der Theoria von sich selbst macht, ist mächtiger als alle abweichenden Theorien.

III. Die Theoria eröffnet das Überweltliche

1. Zuinnerst hat jedoch der Mensch nicht nur mit sich selbst, mit der Welt und der Gesellschaft, also mit

[10]) *I. Kant,* Metaphysik der Sitten, II. Teil, § 11.
[11]) Dazu *J. Lotz,* Person und Freiheit. Freiburg 1979.

dem Innerweltlichen zu tun; vielmehr kommt immer schon das Überweltliche auf ihn zu, das ihn in Anspruch nimmt und für sich anfordert. Dabei geht ihm dieser Bereich jederzeit *ursprünglich in der Theoria* auf und wird nicht erst durch irgendeine Theorie nachträglich hinzugefügt[12]). Indem der Mensch sich selbst im Zusammenhang der innerweltlichen Strukturen erfährt, leuchten als deren innerster Grund Strukturen auf, die über die Welt hinausgreifen. Mit anderen Worten, zeigt sich im Vollzug der innerweltlich-gegenständlichen Erfahrung als deren innerster Grund die übergegenständlich-*überweltliche Erfahrung.* Weil man nur die erstere noch als Erfahrung zuließ und die letztere nicht mehr als Erfahrung anerkannte, schied das Überweltliche aus der Theoria aus und wurde erst durch eine Theorie dem Innerweltlichen angehängt. Dadurch wurde die tiefe Einheit des Überweltlichen mit dem Innerweltlichen nicht mehr deutlich sichtbar und verblaßte folgerichtig die Wirklichkeitsfülle des ersteren. Von hier aus ist der Weg zur vollen Entwirklichung des Überweltlichen und zu dessen Ausmerzen sowie zum Einschränken des Menschen auf das Innerweltliche nicht mehr weit. Wenn obendrein das Innerweltliche auf das Machbare verengt wird, kündigt sich die Knechtschaft des Menschen gegenüber dem Technischen an.

2. Welche *Schritte* vom Innerweltlichen zum Überweltlichen führen, ist von der Grundgegebenheit her zu verdeutlichen, daß der Mensch im Innerweltlichen immer schon beim Überweltlichen ist. Indem er jenes ganz oder bis in seinen innersten Grund erfährt, kommt er jederzeit bei diesem an; beim Innerweltlichen allein verweilt nur die unvollständig entwickelte

[12]) Nach Thomas von Aquin umfaßt die Theoria zusammen mit der Philosophie der Natur ausdrücklich die Metaphysik (vgl. Fußnote 1).

Theoria-Erfahrung oder die vom Überweltlichen ausdrücklich absehende Theorie. Im Innerweltlichen wird das Überweltliche notwendig dadurch gegenwärtig, daß der Mensch sich stets *im Ganzen vorfindet,* weil sich in dem Fragment, mit dem er es jeweils zu tun hat, ständig das Ganze als Horizont meldet. Wie jeder Gegenstand, den wir sichten, von einem partikulären Horizont umgeben auftritt (das Buch im Studierzimmer, das Haus in der Stadt, die Blume in der Wiese), so bieten sich alle Gegenstände und Ereignisse zusammen räumlich im Horizont der Welt und zeitlich in dem des Lebens oder der Geschichte als dem sie umfassenden Ganzen dar.

Doch sind Welt, Leben und Geschichte deutlichen Grenzen unterworfen und daher immer noch Bruchstück oder etwas Fragmentarisches, weshalb sie sich als ein nur vorläufiges oder *relatives Ganzes* erweisen. Darüber greift jedoch die Theoria in ihren Vollzügen hinaus, indem sie auf das *absolute* oder letzte und allumfassende *Ganze* ausgreift und vorgreift. Ein wichtiger Ansatzpunkt für diesen Schritt ist die Frage nach dem Sinn des menschlichen Daseins und aller Dinge, wobei die Theoria sich nicht mit einem vorläufigen Teil-Sinn begnügt, sondern unerschütterlich auf den *letzten Gesamt-Sinn* hingespannt ist. Nun ist jener schon mit einem vorläufigen Teil-Ganzen gegeben, während dieser sich allein dem öffnet, der zum letzten und all-umfassenden Ganzen vordringt. Da aber in der Theoria die Frage nach dem letzten Gesamt-Sinn nie verstummt, ist sie von Anfang an oder in ihrem innersten Grund vom letzten und allumfassenden Ganzen *angerührt,* was damit gleichbedeutend ist, daß sich ihr dieses ohne Unterlaß zeigt, wenn auch auf verborgene, verschwiegene Weise. Ohne diese Offenheit könnte die Theoria nicht einmal nach dem letzten Gesamt-Sinn fragen, würde sie einfach dumpf im Teil-Sinn beharren, ohne ihn als solchen oder nach seiner Teil-haftigkeit zu begreifen. Der Vorgriff auf das letzte all-umfassende Ganze macht das tiefste Wesen der Theoria aus, dessen sie zuinnerst sicher ist, obwohl es nicht selten von allerlei Theorien zerredet wird.

3. Das letzte all-umfassende Ganze aber kommt nicht in der Welt als Ding unter Dingen oder als Mensch unter Menschen oder als Ereignis unter Ereignissen vor. Das all diesem Fragmentarischen schlechthin Überlegene stellt sich als *das Überweltliche* dar, das sich in alledem als der tragende Hintergrund ankündigt. Von dem vielen Fragmentarischen setzt es sich auch als *das Eine* ab, weil das all-umfassende Ganze gar nichts außer sich hat und daher kein Zweites ihm Gleichgeordnetes zuläßt. Dementsprechend ist das unendliche Ganze der Ursprung des fragmentarischen Endlichen, das alles von ihm empfängt und daher restlos von ihm abhängt. Anders gesagt, gründet das Innerweltlich-Fragmentarische als das durch und durch Relative in dem letzten Ganzen als dem in jeder Hinsicht *Absoluten.*

Danach erfährt sich der Mensch in der Theoria als jener, der im Relativen zutiefst beim Absoluten ist, in dessen Leben es zuinnerst nicht um Relatives, sondern *um das Absolute geht,* der nicht nur vom Relativen angefordert wird, sondern mit dem Absoluten konfrontiert, von ihm angesprochen und in Anspruch genommen ist. Hieraus entwickelt sich das *religiöse Verhalten,* das zu den Urgegebenheiten des menschlichen Daseins gehört und nicht erst aus irgendwelchen sekundären Quellen in dieses hineinfließt oder gar hineingedrängt wird.

4. Das bezeugen alle Völker und alle Zeiten, wenn sie auch in der *Auslegung* dieser Ur-Erfahrung verschiedene Wege gehen und öfters in Verirrungen und

Verwirrungen geraten. So trägt der Polytheismus antropomorphe Züge in das Absolute hinein oder gibt ihm in den vielen Göttern eine vermenschlichte Gestalt. Darüber erhebt sich der Pantheismus, indem er aber aus der Absolutheit oder Überweltlichkeit nicht alle Folgerungen zieht, weil er das Ganze zu einem der Welt der Fragmente innewohnenden Grund herabsetzt, der mit dem Relativen einem dem Absoluten widersprechenden Werden unterliegt. Davon ist auch die Meditation des fernen Ostens nicht frei, die meist über das unpersonale Absolute nicht hinauskommt, in dem der Mensch wie die Welle im Ozean aufgeht oder sich auflöst.

Der Ur-Erfahrung wird auch *Kant* nicht gerecht, insofern er bezüglich der theoretischen Vernunft seinen *Agnostizismus* vertritt, der behauptet, unser Wissen sei nicht imstande, das Absolute zu erreichen; darin sind ihm viele gefolgt, weil sie wie er selbst nicht zum innersten Kern der Theoria vorgedrungen sind. Wenn Kant in seiner praktischen Vernunft den Zugang zum Absoluten (Gott) durch den moralischen *Postulatenglauben* öffnet, treibt er aus diesem wegen seines eben erwähnten Agnostizismus die Einsicht aus und nimmt damit der Theoria ihren Lebensnerv, von der nur ein unhaltbarer Rest zurückbleibt. Auch darin haben sich ihm so manche angeschlossen, in denen wiederum die Theoria nicht zum vollen Durchbruch gekommen war.

In neuerer Zeit übertreffen nicht wenige Kant durch ihre *atheistischen Theorien,* die auf mannigfache Weise das Absolute wegzuerklären bestrebt sind; mit einer erschreckenden Ahnungslosigkeit gehen sie an der Theoria mit ihrer Ur-Erfahrung des Absoluten vorbei und bauen ihre rationalen und rationalistischen Konstruktionen als total Entwurzelte auf. Meist halten sie sich für Weise, für solche, denen endlich die Aufklärung alles Dunkels gelungen ist, und sind doch Toren, die sich im Dunkel verlieren und sich einbilden, es sei das Licht; sie geben vor, den Menschen in die Freiheit zu führen, und liefern ihn im Gegenteil nur der totalen Knechtschaft aus[13]).

IV. Die Theoria und das Christentum

1. Nur selten im Verlauf seiner Geschichte hat der Mensch aus eigener Kraft das Absolute als den Absoluten oder Gott als *Person* gefunden. Diesen Schritt hat erst das Alte Testament vollzogen; ihn hat das Neue Testament vollendet, und dies allein dadurch, daß sich Gott mit seinem *offenbarenden Wort* des Menschen angenommen hat. Namentlich hat er sich uns als der eine Gott in drei Personen mitgeteilt und ist obendrein der Sohn Gottes Mensch geworden, womit uns das göttliche Du in einem menschlichen Du begegnet und so uns Gott als personales Wesen in voller Deutlichkeit entgegentritt. Da aber mit der Person die *Freiheit* gegeben ist, steht der personale Gott dem Menschen in Freiheit gegenüber; demgemäß besagt des letzteren völlige Abhängigkeit, daß er von Gott frei ins Dasein gerufen oder aus dem Nichts erschaffen ist. Hierin liegt zugleich das ungetrübte Aufleuchten der Absolutheit oder Unabhängigkeit Gottes, der den Menschen nicht notwendig braucht oder nicht auf ihn angewiesen ist, dem er sich vielmehr in freier Güte mitteilt. So kommt erst von der Personalität Gottes her das Überweltliche in seiner Überweltlichkeit oder das Absolute in seiner Absolutheit ganz zum Vorschein. Zuinnerst hat es also der Mensch mit dem Überweltlichen oder Absoluten in der Gestalt des personalen Gottes zu tun; sein tiefstes Leben ist sein *Dialog mit dem göttlichen Du.* Dazu

[13]) *E. Coreth/J. Lotz* (Hrsg.), Atheismus kritisch betrachtet. München 1971.

führt ihn die durch die christliche Offenbarung voll entwickelte und ergänzte Theoria.

2. Nicht zu verschweigen ist, daß damit ein neuer Anlaß zu anthropomorphen Verirrungen oder zur *Vermenschlichung* des Absoluten gegeben ist. Wenn man personale Lebensformen wie Vater und Sohn, Liebe und Treue, Schuld und Vergebung, Lohn und Strafe ungeläutert aus unserer Erfahrung auf Gott überträgt, wird dieser folgerichtig ins Menschliche heruntergezogen, und zwar oft so sehr, daß seine Absolutheit verdunkelt wird oder gar verlorengeht. In Folge davon schiebt man die christlichen Aussagen beiseite und kehrt, um das Absolute zu retten, zu dem nicht personal bestimmten Absoluten zurück. Zu demselben Ergebnis führt das heute weitverbreitete Herausfallen aus dem Christentum, wobei sich oft noch radikalere Folgen abzeichnen. Viele, die vom Christentum Abschied nehmen, haben das Absolute einzig als den vermenschlichten personalen Gott kennengelernt, der für sie nichtssagend geworden ist; deshalb bedeutet bei ihnen das Aufgeben des personalen Gottes dasselbe wie das Dahinschwinden des Absoluten überhaupt. An dem vermenschlichten Christentum entzündet sich auch die Kritik so mancher Theorien, die wie Nietzsche und Marx das Christentum als Verderben für den Menschen auszumerzen trachten, ebenfalls mit dem christlichen Gott jegliche Art von Absolutem verwerfen und beim Atheismus ankommen.

Überall macht sich hier das Fehlen der *Verwurzelung in der Theoria* bemerkbar, und zwar in der Theoria, die durch das Christentum zur Fülle ihrer selbst gelangt ist. Wegen des Mangels dieser Theoria mit ihrem Sich-Hinspannen auf das wahrhaft Absolute wird das Christentum nicht als Erfüllung des Absoluten aufgenommen, sondern wird das Absolute in einem mißverstandenen Christentum vermenschlicht.

Aus demselben Grunde sind die vom vermenschlichten personalen Gott Enttäuschten nicht imstande, in ihm wieder das wahre Absolute zu entdecken und lebendig zu machen, weshalb sie mit jenem Gott das Absolute gänzlich aus ihrem Leben verbannen. Aus demselben Grunde treffen die Kritiker des Christentums am entscheidenden Punkt vorbei, wenn sie mit dem vermenschlichten Gott jedes Absolute zurückweisen, statt jenen Gott, von der Theoria dazu befähigt, auf das wahre Absolute zurückzuführen und ihn so in den, der er zuinnerst ist, zu verwandeln. Immer wieder droht sich mit dem christlichen Gott das Absolute selbst aufzulösen und der Mensch in der bloßen Innerweltlichkeit zu versinken, weshalb die Gegner des Christentums mit diesem zuletzt den Menschen zerstören; die Folgen davon sind in der Gegenwart kaum zu verkennen.

3. Indem uns das Christentum vor das Antlitz des personalen Gottes geleitet, öffnet es auch für die *Religion* eine neue Dimension oder kommt diese erst zu der ihr gemäßen *Vollendung*[14]). Das ist für den Menschen von entscheidender Bedeutung, weil er durch seinen Dialog mit dem göttlichen Du seine Verbundenheit mit dem Überweltlich-Absoluten kraftvoll lebt und ständig weiter ausbaut, wodurch er vor dem Absinken in das Innerweltlich-Relative bewahrt wird. Daher besteht die Gefahr, daß er mit dem Erschlaffen der christlichen Religion die Religion schlechthin einbüßt und so eine Beute des Innerweltlich-Machbaren oder ein Sklave der Technik wird. Folglich ist für das Zeitalter der technischen Kultur sein Verhältnis zur Religion und namentlich zur christlichen Religion eine Frage auf Leben und Tod, nicht nur wegen jener Kultur, sondern vor allem um des Menschen willen.

[14]) *A. Brunner*, Die Religion. Freiburg 1956; *B. Welte*, Religionsphilosophie. Freiburg 1978.

Alles spitzt sich auf die Theoria zu, von der es abhängt, ob der Mensch lebt und wächst oder zugrunde geht. Es kommt darauf an, daß die Theoria mit ihrer Schau des Menschen in der Gesamtwirklichkeit ihre umfassende Fülle und lebensbestimmende Kraft bewahre, daß sie existenziell oder mit ihrem vollen Gewicht und Ernst das Dasein durchdringe. Alles ist verloren, wenn sie zur blassen und kraftlosen, lebensfernen und lebensfeindlichen Theorie hinabsinkt, die mit der Praxis oder dem gelebten Leben nichts mehr zu tun hat. Das gilt in erster Linie von der Gründung des Menschen im Überweltlich-Nicht-Machbaren, im Absoluten, im Göttlichen, im personalen Gott. Das Schicksal des heutigen Menschen hängt daran, ob sie zur bloßen Theorie entartet oder *wahre Theoria* bleibt.

Dritter Teil: Die Praxis

Aus der Theoria sproßt ohne weiteres die Praxis, da sie ja mit dieser eins oder genau deren innere Erhellung ist. Was die Theoria enthüllt, wird dem Menschen in der Praxis als Aufgabe gestellt; *was er ist, erweist sich als das, was er zu sein hat.* Mittels der Theoria meldet sich ein Auftrag, der ihn anspricht und in Anspruch nimmt und dem er nicht ausweichen oder vor dem er nicht die Augen schließen kann. Genaugesprochen vermag er zwar die Tatsache des Anspruchs oder Auftrags nicht aus der Welt zu schaffen; wohl ist es aber in seine Hand gelegt, ob er dem Anspruch ent-spricht oder wider-spricht, ob er also das, was er zu sein hat, bejaht oder verneint. Damit vollzieht sich der Anspruch nicht zwangsläufig, sondern er wendet sich an die *Freiheit*; seine Korrelation zur Freiheit ist für ihn konstitutiv. Der Auftrag erfüllt sich nicht von selbst oder ohne das Zutun des Menschen; vielmehr verlangt er sein Tun oder seinen aktiven Einsatz, der über das in erster Linie passiv schauende Hinnehmen der Theoria hinausgeht. Fast paradox muß man formulieren: der Mensch gestaltet durch seine Freiheit mehr und mehr seine Freiheit und damit sich selbst, wodurch er selbst allmählich sich selbst seine endgültige Prägung gibt. Durch seine Freiheit ist er Herr über sich selbst und in einem wahren Sinne der Schöpfer seiner selbst, selbstverständlich in Abhängigkeit von dem, was Gott vorgegeben hat.

I. Die Freiheit

1. Den Grund für die Praxis legt die Freiheit, mit der die Theoria den Menschen konfrontiert, insofern er sich durch sie und in ihr als Person erfährt[15]). Die Freiheit aber besagt, daß der Mensch durch seine *eigene Entscheidung* über sich selbst verfügt und selbst von innen her lebt, statt von anderswoher über sich selbst verfügen zu lassen und von außen gelebt zu werden. Vor allem vermöge seiner Freiheit ist der Mensch er selbst, gehört er sich selbst und ist er, wie bereits gesagt wurde, primär um seiner selbst willen da; darin prägt er sich als Person aus. Er könnte nicht von Freiheit sprechen und wüßte überhaupt nicht, was Freiheit ist, wenn ihm nicht die Theoria ständig die Erfahrung seiner Freiheit vermittelte. Darum verlangt die Grundforderung der Praxis von ihm, daß er von seiner Freiheit *Gebrauch mache* und so die Verantwortung für sein Leben selbst übernehme, daß er also nicht vor seiner Freiheit davonlaufe und die Verantwortung abwälze. Vielmehr ist jedem Menschen als seine vornehmste Aufgabe gestellt, seine Freiheit zu ihrer *reifen Entfaltung* zu bringen, wobei er jene Selbständigkeit gewinnt, die ein personal geprägtes Dasein auszeichnet. Solche voll entwickelte Freiheit braucht der Mensch unseres Zeitalters, damit er nicht dem Sog der Technik erliegt oder mit deren Zwangsläufigkeiten sein allzu bequemes Laufenlassen der Dinge zu entschuldigen sucht.

Die reife Freiheit muß sich gegen allerlei Widerstände von innen und von außen durchsetzen oder sich über die mannigfache Unfreiheit, die uns bedroht, emporringen. Dabei erfährt der Mensch die *Grenzen seiner Freiheit*, die sie zwar mehr oder weniger be-

[15]) Vgl. Anm. 11; *J. Simon* (Hrsg.), Freiheit. Theoretische und praktische Aspekte des Problems. Freiburg-München 1977.

hindern, nie aber sie ganz auszulöschen imstande sind. Wenn wegen solcher Grenzen und aus anderen Gründen Theorien entwickelt werden, die dem Menschen seine Freiheit *absprechen* und sie ihm ausreden wollen, erhebt sich dagegen die Theoria, die unablässig und eindringlich die Freiheit bezeugt. Derartige Theorien leisten dem Menschen einen schlechten Dienst, sind lebensfremd und lebensfeindlich, weil sie ihm seine einzigartige Stellung in der Welt rauben und ihn auf die Stufe der bloßen Naturwesen hinunterdrücken. Sie schwächen nämlich das *aktive Gestalten*, das uns zum Subjekt des Geschehens befähigt, und stoßen uns in das passive Erleiden hinein, das uns zum bloßen Objekt der Ereignisse erniedrigt. Das aber ist nach dem oben Gesagten mit dem Ende wahrer Geschichte und Kultur gleichbedeutend. Zumal die technische Entwicklung braust dann wie ein Naturgeschehen über uns dahin, dem wir keinen wirkungsvollen Widerstand entgegenzusetzen vermögen. Zugleich wird der Mensch zu einem unreifen Entmündigten herabgesetzt; denn der reife Mündige ist allein jener, der sich seiner Freiheit bewußt ist und sie zu gebrauchen versteht.

2. Keiner steht mit seiner Freiheit allein; vielmehr lebt diese in allen Menschen, wenn auch nicht überall in derselben Ausdrücklichkeit und Reife. Daher haben alle ein Recht auf ihre Freiheit; und wer sie in sich selbst schätzt, wird sie auch in den anderen achten; er wird dazu beitragen, den anderen zu ihrer Freiheit zu verhelfen und auch deren Freiheit zur Vollendung zu führen. So bildet sich die menschliche Gesellschaft als ein *Reich der Freiheit*, in dem jeder zu seinem Recht und damit zur Geltung kommt, in dem es keine Unterdrücker und keine Unterdrückten gibt. Die Gesellschaft wird nur von denen in einen Kerker der Unfreiheit verkehrt, die ihre eigene Freiheit nicht

zur Reife gebracht haben und deshalb auch mit der Freiheit der anderen nicht reif umzugehen wissen, die für ihre eigene Freiheit einen so weiten Spielraum verlangen, daß er allein durch die Unfreiheit der anderen erreicht wird. Nur im Reich der Freiheit herrscht wahre Kultur und kann sich auch die Technik als echte Kultur entfalten, während im Reich der Unfreiheit die Kultur zugrunde geht und vor allem die Technik zur Unkultur entartet. Hier sieht man deutlich, wie die Probleme der Technik nicht in ihr allein, sondern tiefer im Menschen liegen.

3. Die Freiheit ist für den Menschen eine kostbare, aber auch eine *gefährliche Gabe*, mit der er sich vollenden, aber auch zerstören kann. Er zerstört sich, wenn sie in schrankenlose Willkür ausartet, wenn sie sich jeder Bindung an irgendeinen Gehalt entzieht und damit nihilistisch wird. Solch eine richtungslose oder *chaotische* Freiheit erkennt keinen Wert und keine Norm an; an sich ist für sie alles gleich wertvoll und gleich wichtig oder gleich wertlos und gleich unwichtig; erst die Freiheit selbst verleiht durch ihre Entscheidung allem Wert und Gewicht oder Unwert und Bedeutungslosigkeit. In dieser Richtung bewegt sich die heute weitverbreitete Einstellung, die alle verbindlichen Werte und Normen beiseite schiebt, ja für sie das Organ verloren hat oder weitgehend blind und taub geworden ist. Man behauptet, durch die heute völlig veränderte Situation hätten die früheren Werte und Normen ihre Geltung verloren; so leben nicht wenige ohne jede Wert- und Normfundierung dahin oder sie zimmern sich von Fall zu Fall ein Wert- und Normgehäuse, das sie nach Belieben umbauen und für das sie keineswegs verbindliche Allgemeingültigkeit beanspruchen.

Fragen wir, wie es zu dieser Freibeuterei kommt, so werden wir wiederum zur Theoria geführt, die dem

Menschen dadurch, daß sie ihm zeigt, wer er ist, auch sagt, wer er zu sein hat. Sobald die *Theoria ausfällt*, weiß er nicht mehr, wer er im Zusammenhang der Gesamtwirklichkeit ist, weshalb seinem Blick auch der Auftrag mit den entsprechenden Werten und Normen, der daraus erwächst, entschwindet. So wird der von der Theoria verlassene Mensch an seine eigene *Willkür* ausgeliefert. Indem er damit schaltet und waltet und so und so oft Katastrophen anrichtet, wird er durch die Folgen seiner Willkür selbst zu deren Überwinden und damit zur Theoria hinerzogen, durch die ihm die Bindungen aufleuchten, in denen er immer schon steht.

Freilich vermag ihn auch die Theoria nicht ohne weiteres vor allen Mißgriffen und Katastrophen zu bewahren. In ihr verbinden sich nämlich mit ihrem bleibenden, überzeitlichen Kern die immer wieder anderen, *zeitbedingten Ausgestaltungen.* Jener Kern vermittelt den Gesamtentwurf des wahrhaft menschlichen Lebens lediglich nach seinen Grundlinien, während diese Ausgestaltungen den Grundentwurf in die verschiedenen geschichtlichen Situationen hineinbilden und so konkretisieren. Beide Seiten müssen sich in der Praxis durchdringen; der Grundentwurf wird ohne die Ausgestaltungen nicht in der jeweiligen Situation wirksam; umgekehrt gehen die Ausgestaltungen ohne den Grundentwurf im Zeitbedingten unter, was wir gegenwärtig öfter beobachten. Der *Übergang* aber vom Grundentwurf zu den Ausgestaltungen oder die Konkretisierung der Theoria in die jeweilige Situation hinein birgt Schwierigkeiten in sich, die trotz gewissenhafter Prüfung und besten Willens zu Fehlentscheidungen führen können und geführt haben; darin zeigt sich die Endlichkeit des Menschen. Immerhin steht ihm die erhellende Kraft des Grundentwurfs stets zur Verfügung, die ihm hilft, nicht allzu häufig und allzu sehr danebenzugreifen und auch aus Verirrungen wieder leichter herauszufinden[16]). In welche Ausweglosigkeiten sich der Mensch ohne diese erhellende Kraft verstrickt, zeigt deutlich die gegenwärtige Lage im Bereich der technischen Kultur.

II. Das sittlich Gute

1. Näherhin hat es die Freiheit in der Praxis mit dem sittlich Guten zu tun. Dieses aber zielt auf das wahrhaft menschliche Leben hin, nämlich auf dasjenige, das der einzigartigen Kostbarkeit und der unvergleichlichen Würde des Menschen als Person gemäß ist. Dabei geht es um die *gesamtmenschliche Vollendung* im Hinblick auf das *letzte Ziel* des Lebens; im Gegensatz dazu steht die Teilvollendung des Menschen im Hinblick auf ein vorletztes oder nächstes Ziel, wofür Beispiele bieten etwa die Vollendung des Schuhmachers im Hinblick auf das Herstellen von Schuhen oder die Vollendung des Arztes im Hinblick auf die Heilung des kranken Leibes. Die Teilvollendung entfaltet sich offensichtlich im Relativen und Innerweltlichen; die Gesamtvollendung hingegen greift darin darüber hinaus und umfaßt wesentlich das *Absolute* und Überweltliche. Beide Arten der Vollendung liegen nicht nebeneinander, sondern ineinander, insofern das letzte Gesamtziel die vorletzten Teilziele umspannt und damit naturgemäß sich ein- und unterordnet. Dementsprechend kommt der Gesamtvollendung der *Primat* gegenüber der Teilvollendung zu; denn jene betrifft die Vollendung des Menschen als Menschen,

[16]) In diese Zusammenhänge spricht hinein *Kl. Demmer/Br. Schüller,* Christlich glauben und handeln. Düsseldorf 1977; darin *J. Lotz,* Philosophische Bemerkungen zum Finden und Gelten sittlicher Normen (S. 147—170).

während diese auf seine Vollendung nur als Schuhmacher, als Arzt usw. hinzielt. Hieraus ergibt sich die Folgerung, daß die Teilvollendung von sich aus nicht der Gesamtvollendung widerstreitet; nur wenn der Mensch jene übersteigert zu verwirklichen trachtet, gerät er in einen Widerspruch zu dieser. Solch eine Fehlentwicklung aber gefährdet nicht nur die Gesamtvollendung, sondern schadet auch der Teilvollendung selbst, weil letztere durch Maßlosigkeit stets verliert, nie zu gewinnen hat.

Auf das ausgewogene *Zusammenspiel* von Gesamt- und Teilvollendung kommt es an. In dieser ist jene immer und wesentlich am Werke, weshalb alle Teilgebiete, ohne selbst sittlich zu sein, in das Sittliche miteinbezogen sind oder ihre sittliche Tiefe haben; daher vermögen sie im Verfolgen ihrer Teilziele auch zur Verwirklichung des Gesamtzieles beizutragen. Dabei kommt es dem *Gesamtziel* zugute, wenn es die Teilziele nicht verkürzt oder gar erstickt; denn deren ihrer Eigenart gemäße Entfaltung läßt das Gesamtziel aus ihnen hervorwachsen, wodurch es organisch mit ihnen verbunden bleibt und aus ihnen Lebensfülle gewinnt, während es, nicht von ihnen getragen, leicht in eine ungreifbare Ferne entgleitet und einer gewissen Blutleere verfällt. Umgekehrt kommt es den *Teilzielen* zugute, wenn sie in das Gesamtziel eingebettet bleiben oder sich nicht autonom zu machen suchen, indem sie sich von ihm trennen und sogar dagegen rebellieren. Das Ausschalten des Gesamtzieles führt nämlich zum Sich-Abschließen im Innerweltlichen und zum Sich-Verkrampfen auf dieses, was zwar vordergründig keinen Schaden zu stiften scheint, hintergründig aber so die Proportionen verschiebt, daß das Innerweltliche verzerrt wird und auf unheilvolle Bahnen gerät.

2. Das Sittliche legt der Freiheit die ihm eigene unbedingte *Bindung* auf, die sich von jeder nur *be-*

dingten Bindung grundsätzlich unterscheidet. Diese läßt sich in die Wenn-Dann-Verknüpfung fassen, etwa wenn du Arzt werden willst, dann mußt du die dazu nötige Ausbildung durchlaufen; wenn du Schuhe machen willst, dann mußt du die dazu erforderliche Lehre auf dich nehmen. Die Bindung verlangt die Ausbildung oder die Lehre einzig unter der Bedingung, daß einer Arzt oder Schuhmacher werden will; dazu aber, daß einer den einen oder den andern Beruf ergreift, ist er durch keinerlei Bindung gehalten. Die *unbedingte* Bindung hingegen läßt sich zwar auch auf die Weise eines Wenn-Dann-Satzes formulieren: wenn du ein wahrhaft menschliches Leben führen willst, dann darfst du nicht hassen; doch besteht der Unterschied, daß das wahrhaft menschliche Leben nicht ebenso wie das Wählen eines Berufes in das Belieben des Menschen gestellt ist; vielmehr ist er in jedem Fall, unter jeder Bedingung oder unbedingt gehalten, ein solches Leben zu führen. Anders gesagt: wenn einer den Beruf des Arztes oder des Schuhmachers nicht wählt, lädt er keine *Schuld* auf sich, wohl aber, wenn er gegen das wahrhaft menschliche Leben handelt, was demnach ein Frevel ist. — Wer die unbedingte Bindung bestreitet, raubt dem Sittlichen seine Eigenart oder löscht es aus; das Sittliche steht und fällt mit der unbedingten oder absoluten Bindung. Man beachte, daß die Absolutheit der Bindung keineswegs die Freiheit ausschließt, sondern sich gerade an die Freiheit wendet. Nur das unausweichliche Muß des untermenschlichen Bereiches ist mit der Freiheit unvereinbar, während das absolute *Soll* zwar die Freiheit unbedingt bindet, ihr aber den Spielraum läßt, statt des geforderten Ja ihr Nein zu sprechen und so schuldig zu werden; Schuld schließt wesentlich Freiheit ein.

Die für das sittliche Handeln kennzeichnende unbedingte oder absolute Bindung kann ihren *Grund* nicht im Relativen oder Bedingten, also nicht im Innerweltlichen haben, sondern weist über die Welt hinaus und auf das *Absolute* oder Unbedingte, also auf das Überweltliche, Göttliche, auf den personalen Gott hin. In den Menschen als den sittlich Handelnden ragt die Absolutheit Gottes herein oder er nimmt an der Absolutheit Gottes teil. Dieses Teilnehmen allein erklärt seine einzigartige Kostbarkeit oder seine unantastbare Würde, die unbedingt oder absolut zu wahren ist oder die keiner verletzen kann, ohne zu freveln oder schuldig zu werden. Weil uns nun das von der Praxis verlangte Teilnehmen bereits die Theoria enthüllt hat, entfaltet sich jene in innigster Durchdringung mit dieser oder hat jene ihre Wurzeln in dieser. Die Theoria bringt die *partizipierte Absolutheit* des Menschen zum Aufleuchten, aus der die Praxis die Folgerungen für das Handeln zieht, besonders diejenige, daß die Würde des Menschen unbedingt zu wahren ist. In dem Maße hingegen, wie die Praxis von der Theoria getrennt wird und diese aus dem Gesichtskreis des Handelnden entschwindet, wird jenes Teilnehmen verdunkelt, gehen Kostbarkeit und Würde des Menschen verloren und stirbt die unbedingte Achtung vor ihm ab. Als Folge davon wirkt sich die Willkür an ihm ohne jede Hemmung aus, ist seinem Mißbrauch als Mittel zum Zweck Tür und Tor geöffnet bis zu den Schändungen hin, die wir erlebt haben und weiter erleben[17]).

3. Übrigens hat es die Praxis nicht nötig, sich auf die ihr vorausgehende Theoria zu berufen, weil diese in ihr immer schon enthalten ist und aus ihr entwickelt werden kann. Wie unsere obigen Überlegungen zeigen, umschließt nämlich das volle Erfahren der unbeding-

[17]) *G. Teichtweier/W. Dreier* (Hrsg.), Herausforderung und Kritik der Moraltheologie. Würzburg 1971; darin *J. Lotz*, Das Gute als Gegenstand des sittlichen Handelns (S. 64—85).

ten Bindung wesentlich das Mit-Erfahren des überweltlichen Unbedingten oder Absoluten, das allein dazu hinreicht, jener Bindung ihre angemessene Gründung zu bieten. Demnach gehört die Theoria innerlich zur Konstitution der Praxis, die also durch den Verlust der Theoria nicht nur ihres Fundamentes beraubt, sondern auch in ihrem ureigenen Wesen verstümmelt wird. Damit gewinnen wir eine neue Sicht auf die *Wesenseinheit von Theoria und Praxis.* Wie in der Theoria jederzeit die Praxis so vorgezeichnet ist, daß jene in diese hineindrängt und sie nach einigen Anfängen immer schon verwirklicht, so tritt aus der Praxis, je mehr sie sich ihrer selbst bewußt wird und als solche ausprägt, die Theoria hervor. Die Theoria entartet ohne Praxis zur bloßen Theorie; und die Praxis büßt ohne Theoria ihren sittlichen Charakter ein, weil die unbedingte Bindung zerfällt.

III. Die Religion innerhalb der Praxis

1. Einen Schritt weiter führt uns die Überlegung, daß sich die unbedingte Würde des Menschen von der *unbedingten Würde* Gottes herleitet; erstere ist der endliche Abglanz des unendlichen Glanzes, der letzterer zukommt. Wenn daher die Würde des Menschen unbedingt *zu wahren* ist, so gilt das erst recht von Gottes unendlicher Würde. Diese beiden Vollzüge sind so innig und so untrennbar miteinander verbunden, daß einer, der des Menschen Würde wahrhaft wahrt, dadurch zum Wahren der Würde Gottes hingetrieben wird. Umgekehrt wird einer, der Gottes Würde nicht wahrt und sogar gegen sie frevelt, folgerichtig auch der Würde des Menschen nicht gerecht werden und sie mißachten. Daß der hier angedeutete Zusammen-

hang besteht und sich im Leben auswirkt, zeigen so manche zeitgenössische Erscheinungen.

Näherhin ist das Wahren der Würde Gottes damit gleichbedeutend, daß der Mensch immer neu Gott gibt, was Gottes ist, oder Gott die Achtung und Verehrung entgegenbringt, die ihm gebühren. Solches Verhalten fällt aber genau mit den Vollzügen zusammen, die für *die Religion* kennzeichnend sind und in der Gottes absolute Überlegenheit anerkennenden Anbetung gipfeln. Demnach ist in der Ehrfurcht vor dem Menschen immer schon die Verehrung Gottes oder ein religiöses Verhalten eingeschlossen; wenn also der sittlich Handelnde die Würde des Menschen ernst nimmt, macht sich darin stets eine gewisse religiöse Weihe bemerkbar[18]).

Oft wird die religiöse Komponente des sittlichen Verhaltens verborgen bleiben oder nicht als solche ausdrücklich hervortreten; sie spielt jedoch als *Unterströmung* mit, auch wenn sie nicht beachtet und thematisiert wird. Selbst unser Zeitalter, das dem bewußten Entfalten des Religiösen wenig günstig ist, vermag jene Unterströmung nie ganz auszulöschen, weshalb sie immer wieder auf ungeahnte Weise durchbricht. Damit zeigt sich, wie das Religiöse über das verborgene Mitspielen hinaus- und in die *offene Ausprägung* hineindrängt. Diese erst bringt es zu seiner vollen Entfaltung und ermöglicht seine kraftvolle Auswirkung. Hierbei setzt sich das religiöse Verhalten gegenüber Gott von dem sittlichen Verhalten gegenüber dem Menschen ab, wodurch es *eigene Betätigungen* wie Gebet und Gottesdienst entwickelt. Das religiöse Leben, das sich in solchen Betätigungen verwirklicht, ist notwendig, weil sonst das Religiöse verkümmert und schließlich aus dem Bewußtsein der Menschen

[18]) *B. Welte,* Die Würde des Menschen und die Religion. Frankfurt 1977.

verschwindet. — Darin aber kündigt sich eine zweifache Gefahr an. Einerseits leidet ohne das ständige, ausdrückliche Anerkennen der Würde Gottes die Würde des Menschen Schaden; andererseits könnte ohne dasselbe Anerkennen die gewisse religiöse Weihe, die der Ehrfurcht vor dem Menschen innewohnt, diesen dazu verführen, das Religiöse pervertierend auf sich selbst zu beziehen oder sich selbst zu vergötzen.

2. Im Lichte des Gesagten erledigen sich einige Einwände. Zunächst ist das religiöse Verhalten nicht von außen an das Wahren der Menschenwürde herangebracht; vielmehr entwickelt es sich als etwas damit *innerlich* Gegebenes und darin Vorgezeichnetes. Zweitens kommt die Religion, wie aus dem Ersten folgt, nicht als eine überflüssige Zutat zu jenem Wahren dazu; vielmehr tritt in ihr das letztlich allein zureichende *Fundament* jener Würde zutage. Drittens beeinträchtigt das Religiöse keineswegs die Menschenwürde ihr widersprechend; vielmehr findet in ihm diese Würde ihre höchste *Vollendung*, und steht sie mit ihm als ihrer tiefsten Wurzel im Einklang. Viertens stellt die Religion keineswegs Gott in den Dienst der Menschenwürde, indem sie ihn zum Mittel für den Menschen als Zweck herabwürdigt; vielmehr ehrt sie Gott um seiner selbst oder um seiner *eigenen Würde* willen, womit dann auch die letzte Gründung der Menschenwürde gesetzt ist; ein als Mittel zum Zweck mißbrauchter Gott könnte nie als die letzte Sicherung dafür auftreten, daß der Mensch nie als Mittel zum Zweck verwendet werden darf.

3. Wenn sich die Religion in eigenen Betätigungen gegenüber Gott Ausdruck verschafft, so bildet sie damit zwar einen *eigenen Bereich* mit dem entsprechenden Tun, den besonderen Räumen und Zeiten und den erforderlichen gesellschaftlichen Lebensformen aus. Doch trennt sie sich deshalb nicht von den übrigen

Bereichen des Daseins und den ihnen zugeordneten Betätigungen. Eine solche Trennung oder *Isolierung*, die wir in der Neuzeit weithin vorfinden, ist als *Fehlentwicklung* zu bezeichnen; sie widerspricht dem Wesen des Menschen, in dem alle Gebiete seines Wirkens ihre Wurzel haben und daher miteinander eins sind oder sich gegenseitig durchdringen. Wie das volle Entfalten des Religiösen und des Profanen deren differenzierendes Auseinandertreten verlangt, so ist zum Vermeiden ihres völligen Auseinanderfallens ihr befruchtendes Ineinanderschwingen vonnöten. Das Religiöse ohne das Profane ist zu einer in sich selbst kreisenden und daher sterilen Innerlichkeit verurteilt; umgekehrt gleitet das Profane ohne das Religiöse leicht in die Maßlosigkeit und den Sinnverlust ab. Das Religiöse, das sich in seinen eigenen Betätigungen erschöpft, entartet oft zu einer Theoria, die sich nicht in Praxis umsetzt, oder zu einer bloßen Theorie. Im Gegensatz dazu verfällt das Profane, das sich um das Religiöse nicht kümmert oder es bewußt beiseiteschiebt, einer nicht von der Theorie erhellten Praxis und damit einem maß- und sinnlosen Dahinstürmen.

Genauerhin bewährt das Religiöse seine gestaltende Kraft zunächst am *Sittlichen*, von dem bereits die Rede war, und dann auch an den übrigen Bereichen, von denen im folgenden zu sprechen ist. So entsteht eine *religiös geprägte Kultur*, wie wir sie bei den Völkern des Alten Orients, zumal bei den Juden, und dann in der klassischen Antike bei den Griechen und den Römern beobachten, wie dem Abendland auch im Mittelalter noch vergönnt war, wie sie selbst im Barock weiterwirkt und in gewissen Reststrukturen bis in die Gegenwart herein zu spüren ist. Entsprechendes ist im fernen Osten, in Indien, China und Japan, festzustellen; ausdrücklich genannt sei Japans „Kultur der Stille“, ein Titel, den Dürckheim einem seiner Bücher gegeben hat[19]). Während heute der Osten daran ist, die überlieferte Einheit unter dem Einfluß des Westens fortschreitend einzubüßen, ist der Westen auf vielen Wegen bemüht, die verlorene Einheit auf eine neue, der gegenwärtigen Situation gemäße Weise wiederzugewinnen, wobei er sich nicht nur auf sein eigenes Erbe besinnt, sondern auch Hilfen von dem noch unverbrauchten Gut des Ostens entgegenzunehmen bereit ist.

[19]) *K. Dürckheim*, Japan und die Kultur der Stille. [5]Weilheim 1971.

Vierter Teil: Die Poiesis als Kunst

I. Die Eigenart der Poiesis

1. Im zeitgenössischen Denken und Sprachgebrauch wird die Praxis meist in einem so weiten Sinne genommen, daß sie alle über die Theoria hinausreichenden menschlichen Betätigungen umfaßt. Nach Aristoteles hingegen meint die *Praxis* nur den Bereich des *Sittlichen,* von dem die Poiesis als ein eigenes Gebiet abgehoben wird. Diese Unterscheidung trägt der Andersartigkeit der Bereiche, die hier sich abzeichnet, auf das beste Rechnung; sie schafft eine Klarheit, die der modernen Sinngebung von Praxis abgeht, zumal diese oft mit Poiesis gleichbedeutend verstanden wird, während die eigentliche Praxis oder das Sittliche zurücktritt, vernachlässigt wird und nicht selten verschwindet. Das Wegfallen der eigentlichen Praxis ist verhängnisvoll, weil sie zwischen der Theoria und der Poiesis *das Vermittelnde* darstellt, ohne das sich eine kaum mehr zu überbrückende Kluft zwischen ihnen auftut. In Folge davon verkümmert die Theoria zur bloßen Theorie und die auf die Poiesis reduzierte Praxis verliert ihre Wurzel, ihr Maß und ihren Sinn. Beide Folgen lassen sich am heutigen Zustand sowohl der Religion als auch der Technik ablesen, wodurch sich die Rückkehr der *eigenständigen Poiesis* mittels der sittlichen Praxis zur voll entfalteten Theoria als notwendig erweist.

Die eben angedeutete Verwirrung im Gebrauch des Wortes „Praxis“ ist deshalb besonders bedenklich, weil der Unterschied der Poiesis von Praxis und Theoria zusammen anderer Art und tiefgreifender ist als derjenige zwischen Praxis und Theoria untereinander. Das ergibt sich aus der Eigenart dieser drei Gebiete, die auf eine je andere Weise das aktive Gestalten vollziehen, das für die geschichtliche Kultur kennzeichnend ist. In der *Theoria* und der *Praxis* betrifft das Gestalten den *Menschen* selbst, näherhin sein Wissen und seine Freiheit oder sein Wollen. Dabei geht es jedesmal um den Ausgriff durch das Innerweltlich-Endliche auf das *Überweltlich-Unendliche* und damit um jene Tiefe des Menschen, mit der er in der Welt über die Welt hinausragt. Namentlich vollzieht die Praxis das handelnde Gestalten im Hinblick auf die Gesamtvollendung und das letzte Ziel des Menschen. Im Gegensatz dazu stellt sich die *Poiesis* als das machende Gestalten im Hinblick auf vorletzte oder nächste Ziele dar, wobei es dementsprechend auf Teilvollendung ankommt. Das Gestalten bringt *Werke* hervor, die es entweder in Dinge oder in Menschen hinein- oder aus ihnen herausbildet. Die Werke sind teils von wenigstens relativ bleibender Natur wie eine Brücke teils von vorübergehender Natur wie ein Tanz oder ein gesungenes Lied. Auf jeden Fall treten solche Werke als etwas *Innerweltlich-Endliches* auf, weshalb hier das Überweltlich-Unendliche entweder nur in einer besonderen Abschattung oder überhaupt nicht ins Spiel kommt. Daher ist auch der Mensch an der Poiesis sowohl als Gestaltender als auch als Gestalteter nach seiner innerweltlich-endlichen Seite beteiligt, während seine überweltlich-unendliche Tiefe nur indirekt dabei mitwirkt[20]).

2. Aus dem Gesagten wird bereits deutlich, wie sehr die antike Poiesis über die heutige verengte Bedeutung von Poesie hinausgreift. In unserer Aus-

[20]) Kant unterscheidet die theoretische und die praktische Vernunft noch durchaus im Sinne der Antike; den dritten Bereich behandelt er gesondert in der „Kritik der Urteilskraft". Auch Fichte versteht die Praxis noch als das Sittliche. Vgl. den umfassenden Artikel „Praxis" von *A. Schmidt* (vom Marxismus geprägt), in: Handbuch philosophischer Grundbegriffe, II. Bd. München 1973, S. 1107—1138.

drucksweise meinen wir mit *Poesie* das *Kunstwerk*, das die *Sprache* gestaltet, und zwar auf jene besondere Art, die sich in gereimten oder ungereimten Rhythmen bewegt und vor allem in der Lyrik gipfelt. Die antike *Poiesis* hingegen sprengt die Grenzen einer bestimmten Art des Sprachkunstwerkes, ja des Sprach-Kunst-Werkes und des Kunst-Werkes überhaupt, indem sie auch das Hand-Werk umfaßt, also *jedes Werk* ohne Ausnahme umspannt. Im Lateinischen hat das Wort „ars" dieselbe Weite der Bedeutung. Darin kommt nicht nur eine bedeutungslose Sprachwillkür zum Vorschein, sondern tritt ein tiefer sachlicher Zusammenhang an den Tag. In dem einen Wort wird nämlich die letztlich einheitliche *Grundstruktur* der Poiesis als des machenden Gestaltens sichtbar, das sich in dessen verschiedene Weisen ausgliedert. Diese werden in jener Grundstruktur zusammengehalten und lassen sich von ihr her in ihrer Eigenart begreifen.

Als Hauptunterschied ist für unseren Zusammenhang wichtig derjenige zwischen *Kunst-Werk* und *Hand-Werk*, von denen das eine mit dem Schönen, das andere aber mit dem Nützlichen zu tun hat. Trotz ihrer grundsätzlichen Verschiedenheit spannt sich zwischen beiden ein Übergang, weil das Kunstwerk aus dem Schönen herausfallen und so zum Handwerk absinken, das Handwerk hingegen zum Schönen aufsteigen und so sich zum Kunstwerk vollenden kann; im letzteren Falle sprechen wir von Kunsthandwerk. Außerdem ist im Kunstwerk das *Handwerk enthalten;* denn ein Künstler vermag einzig der zu sein, der sein Handwerk versteht; das ist dann gegeben, wenn einer die für das Werk erforderlichen Werkzeuge auf die dem Werk gemäße Weise meisterlich zu gebrauchen imstande ist. Zugleich zeigt sich, wie im Handwerk wenigstens von ferne das *Kunstwerk angelegt* ist, insofern der meisterliche Gebrauch der Werkzeuge eine

Vorbedingung des Kunstwerkes ist und unter günstigen Umständen auch dazu hingeleitet. Doch decken sich das Schöne und das Nützliche nicht; nicht jedes Schöne ist nützlich und nicht jedes Nützliche ist schön. Allerdings findet sich vielleicht in jedem wahrhaft Nützlichen ein erster Anflug von Schönheit; und jedes Schöne stiftet einen mehr oder minder großen Nutzen, obwohl es oft im alltäglichen Sinne keineswegs nützlich ist.

II. Das Kunstwerk und das Schöne

Weil das Kunstwerk, wie sich bald genauer zeigen wird, der Praxis und der Theoria näher steht als das Handwerk und zu diesem hin eine *vermittelnde Rolle* spielt, haben wir innerhalb der Poiesis zunächst vom Kunstwerk zu sprechen. So bereiten wir den Weg auch zur Technik, die innerhalb des Handwerks im weiteren Sinne dem Handwerk im engeren Sinne gegenübertritt. Damit ist das Eingehen auf das Kunstwerk kein Umweg, sondern ein notwendiges Zwischenglied in der stufenweisen Entfaltung unseres Gesamtthemas[21]).

1. Das Kunstwerk verlangt von dem, der es schafft, ein ausgezeichnetes *Können*; das sagt schon der Name „Kunst", der sich von „können" herleitet. Das hier gemeinte Können zeichnet sich dadurch aus, daß es *Schönes* hervorzubringen vermag. Was aber das Schöne ist, läßt sich nur schwer bestimmen, zumal es eine ziemliche Schwingungsbreite aufweist; manche meinen, in diesem Bereich sei alles subjektiv und rela-

[21]) *M. Heidegger,* Der Ursprung des Kunstwerks, in: Holzwege. ²Frankfurt 1952, S. 7—68; *A. Halder,* Kunst und Kultur. Freiburg-München 1964; *H. Kuhn,* Schriften zur Ästhetik. München 1966; *W. Henckmann,* Einführung in die philosophische Ästhetik. München 1974.

tiv; in diesem Sinne verstehen sie das Wort, über das Schöne sei nicht zu streiten.

Doch ist es möglich, das Schöne vom *Schönheitserleben* her zu bestimmen; diesen Weg geht Thomas von Aquin, der größte Geist des Mittelalters, nach dem das Schöne das ist, was im Schauen oder als Geschautes Gefallen weckt (quae visa placent)[22]. Die beiden Vollzüge des Schauens und des Gefallens gehören wesentlich zusammen; denn aus dem Schauen erblüht von selbst das Gefallen und das Gefallen setzt das Schauen voraus und schließt es sogar ein. Schauen und Gefallen kommen darin überein, daß sie der *Vollendungszustand* des Wissens bzw. des Wollens sind. Im *Schauen* findet das *Wissen* seine Vollendung, insofern es sich nicht in der Mittelbarkeit der Abstraktion, des Begriffes und des Diskurses bewegt, sondern als unmittelbares Erfassen vom Geschauten in seinem konkreten Reichtum ergriffen und oft überwältigt wird. Ebenso findet das *Wollen* im *Gefallen* seine Vollendung, insofern es sich nicht in der Unruhe des Strebens nach einem Gesuchten ausstreckt, sondern vom Ruhen in der Fülle des Gefundenen beglückt und oft hingerissen wird. Der Vergleich zwischen Schauen und Gefallen lehrt, wie sich das Schauen im Gefallen vollendet und so der Vollendungszustand des *ganzen Menschen* erreicht wird, in dem das Erleben des Schönen besteht und somit das Schöne aufleuchtet.

Das *Schöne selbst* beschreibt Albert der Große, der Lehrer des Aquinaten, in der Formel: Glanz der Form (splendor formae). *Die Form* meint zunächst die äußere, sinnlich wahrnehmbare Gestalt; in ihr entbirgt und verbirgt sich zugleich die innere Form oder Wesensgestalt. Als Beispiel diene der Mensch, dessen

[22]) Summa theol I, q 5, a 4 ad 1.

äußere Gestalt sich deshalb von jener sämtlicher untermenschlicher Dinge unterscheidet, weil seine einzigartige Wesensgestalt sich darin Ausdruck verschafft. Nun ist der *Glanz der Form* in dem Maße gegeben, wie in der äußeren Form die innere zum Aufleuchten kommt, wie das Durchleuchten oder die Transparenz erreicht wird. Demnach ist ein Seiendes insoweit schön, wie es zur Transparenz gelangt, hinter der es aber meist mehr oder weniger zurückbleibt. Von hier aus stellt sich das künstlerische Schaffen als das Ringen um *vollendete Transparenz* dar; es gelingt, wenn es Werke von vollendeter Transparenz hervorbringt. Vollendet ist die Transparenz, die sich durch zwei Merkmale auszeichnet. Erstens ist erforderlich, daß sich die innere Form *ganz* in der äußeren ausprägt, in ihr zutage tritt und greifbar wird, schließlich sozusagen mit ihr zusammenfällt. Zweitens ist verlangt, daß sich die innere Form ganz oder bis in ihre innerste Tiefe mitteilt, also sich nicht nur nach einer begrenzten Wesensgestalt, sondern in ihrer grenzenlosen *Fülle* öffnet. Damit ist das Kunst-Werk zwar als Werk etwas Innerweltlich-Endliches oder ein Vorletztes, als Kunst-Werk aber die Gegenwart oder das *An-wesen des Überweltlich-Unendlichen* oder des Letzten und Ganzen, des göttlichen Geheimnisses und Gottes selbst. Dem entspricht genau das Erleben des Schönen; denn das Durchleuchten oder An-wesen des Letzten im Vorletzten oder im Kunstwerk ermöglicht das Schauen, aus dem das Gefallen erblüht als das Ruhen im gefundenen Letzten, dessen Fülle alles Suchen stillt und unsagbare Beglückung gewährt. Das Schöne geleitet vermöge der ihm eigenen Vollendung den Menschen in die ihm eigene Vollendung hinein.

2. Da die Transparenz des Überweltlich-Unendlichen das eigentliche Wesen des Kunstwerkes ausmacht, gehört es mit der Theoria und der Praxis zu-

sammen, wenn es auch als Werk zur Poiesis als dem Gestalten innerweltlich-endlicher Werke zu rechnen ist. Was das Gestalten betrifft, so spricht man beim Kunstwerk mit Recht von *Schaffen* statt von Machen, weil sich die *Transparenz* nicht ohne weiteres machen oder herstellen läßt, sondern im Gelingen sozusagen *als Gnade* geschenkt wird. — Wenn man allerdings die Transparenz beim Kunstwerk nicht für erforderlich hält und sie deshalb vernachlässigt oder gar ausschließt, ist man versucht, Produkte von Rechenautomaten den menschlichen Kunstwerken an die Seite zu stellen, wodurch das Schaffen dem *Machen* angenähert wird und endlich in ihm versinkt, wodurch das Kunstwerk im Handwerk untergeht und schließlich der Technik ausgeliefert wird. Auf einer ähnlichen Bahn bewegen sich jene, nach deren Meinung das Kunstwerk nichts mit Schönheit zu tun hat und geradezu von dieser befreit werden muß, um der Wahrheit als dem *Entlarven* der Zerrissenheit des Daseins dienen zu können. Dabei handelt es sich um eine von der Theoria abgespaltene Pseudo-Kunst, die wegen des Verlustes des Überweltlichen im Innerweltlichen nur noch Zerrissenheit zu sehen imstande ist und dementsprechend ihre Werke gestaltet. Dasselbe Urteil ist über die Propaganda-Kunst zu fällen, die keine Wurzeln in der Theoria hat oder für die diese auf eine innerweltliche Theorie oder *Ideologie* reduziert hat, aus der allein sie schöpft, weshalb sie nur Innerweltliches zum Ausdruck bringt.

III. Er-lebte und ge-lebte Vollendung

1. Wie unsere Darlegungen zeigen, ist die nach all ihren Dimensionen entfaltete Theoria die Wurzel sowohl der Praxis als auch der Poiesis im Sinne des

künstlerischen Schaffens, und zwar zuerst der Praxis und dann auch der Poiesis. Zu klären bleibt, warum die Praxis näher mit der Theoria zusammengehört als die Poiesis. Beide haben mit der *Vollendung* zu tun, wobei sich innerhalb der Vollendung für beide zahllose Stufen abzeichnen. Daher unterscheiden sie sich nicht quantitativ, durch ein Mehr oder Weniger an Vollendung, sondern *qualitativ,* durch eine je andere Ausprägung der Vollendung. In der Praxis geht es um das freie Wollen als Entscheidung mit deren vollem existenziellen Ernst; es kommt auf das Verwirklichen dessen an, was der Mensch im Zusammenhang der Seinsordnung ist, um das Leben seiner Gesamtvollendung im Hinblick auf sein letztes Ziel in Gott, also um die *ge-lebte* Vollendung. In der Poiesis hingegen geht es um das Verwirklichen von innerweltlich-endlichen Werken und damit von Vorletztem mit dessen Teilvollendung, worin aber Transparenz waltet oder das Letzte und Ganze, das Überweltlich-Unendliche und damit die Gesamtvollendung aufleuchten, also um die *er-lebte* Vollendung, der genau das Schauen und das Gefallen entsprechen.

Erlebte Vollendung ist nicht ohne weiteres schon gelebte Vollendung; doch wird diese von jener mit einer solchen Anziehungskraft ausgestattet, daß der Mensch zum Leben oder Verwirklichen des Erlebten *angetrieben* wird. Daher vollendet sich die Poiesis in der Praxis; erst das Gelebte gibt dem Erlebten sein volles Gewicht oder begegnet ihm mit dem ganzen existenziellen Ernst, der ihm gebührt. Als Gelebtes gewinnt das Erlebte erst seine unbedingte Verbindlichkeit, während es als nur Erlebtes in einer letzten Unverbindlichkeit verharrt. — Umgekehrt ist gelebte Vollendung nicht ohne weiteres schon erlebte Vollendung; auch erschöpft sich die Poiesis keineswegs in ihrem Dienst an der Praxis. Vielmehr schreitet jene über diese als eine *eigenständige Entfaltung* des Menschen hinaus, die auch in sich selbst sinnvoll ist. Sie bringt dem Menschen die innersten Geheimnisse seines Daseins auf eine anziehende und oft überwältigende Weise nahe, wodurch ihm aufgeht, wer er ist, und er dessen froh wird, daß er ist und wer er ist. Daher ist die Poiesis als eine unentbehrliche Seite des Lebens durch nichts anderes zu ersetzen, auch nicht durch Praxis und Theoria. Selbst die Theoria gewinnt durch die Poiesis, indem ihre unerschöpfliche Fülle in den Kunstwerken anschaulich und greifbar hervortritt[23]).

2. Wie sich die Poiesis in der Theoria und der Praxis vollendet, so vollenden sich auch die Theoria und die Praxis in der Poiesis, insofern diese über jene hinausschreitet. Hier kündigt sich für die Poiesis die Gefahr an, daß sie nicht mehr sieht, wie sehr sie der Vollendung durch die *Praxis* und die Theoria bedarf, und sich damit als die absolute, jenen schlechthin überlegene Vollendung setzt. Dabei wird dem Erlebten der *unbedingte Vorrang* vor dem Gelebten zugeteilt, wodurch das künstlerische Gestalten aus der Praxis heraustritt, sich vom Sittlichen unabhängig macht und folgerichtig auch vom Religiösen löst. Das Gestalten von Kunstwerken, die durch ihre Schönheit mitreißen und überwältigen, nimmt den Menschen gänzlich in Anspruch und läßt alles andere immer mehr verkümmern. Dem Rausch des Schönen opfert er alle übrigen Betätigungen, wobei er schließlich jedes Maß verliert. Sich von der unbedingten Bindung des Sittlichen entfernend, verfällt er der letzten Unverbindlichkeit, die allem Künstlerischen eignet, indem er sie zu einer *Bindungslosigkeit* übersteigert, die allmählich auf alle Lebensgebiete übergreift und den

[23]) Diesen Anliegen widmet ein großes Werk *H. U. von Balthasar,* Herrlichkeit, bes. III. Bd., Teil 1: Im Raum der Metaphysik. Einsiedeln 1965.

Menschen auf die Dauer zugrunde richtet. Nicht mehr vom Ernst des Sittlichen gehalten, gleitet das auf seine Weise ernste Spiel des künstlerischen Gestaltens ins Unernste oder Spielerische ab, das mit allem spielt und nichts mehr ernst nimmt, das alles auflöst und dem nichts mehr bleibt, das schließlich in einen alles verschlingenden Nihilismus oder die grenzenlose Verzweiflung abstürzt. Wenn diese Haltung von der Poiesis her zur prägenden Lebensform des Menschen wird, ist das ästhetische Stadium auf dem Lebenswege gegeben, das Kierkegaard so eindringlich geschildert hat; heute gebraucht man dafür meist die Bezeichnung Ästhetizismus.

Indem sich die Poiesis der Praxis und damit dem Sittlichen entfremdet, sterben auch ihre *Wurzeln in der Theoria* ab. Das zeigt sich bereits in dem eben beschriebenen Nihilismus, zu dem es nur dadurch kommt, daß die Fülle des Wirklichen verlorengeht; weil diese aber durch die Theoria eröffnet wird, ist jenes Verlieren mit dem Herausfallen aus der Theoria gleichbedeutend. Namentlich entschwindet die Tiefe des Überweltlich-Unendlichen, die durch die Theoria bei uns an-west, was das *Verlöschen* der letzten und eigentlichen *Transparenz* nach sich zieht, obwohl ein gewisses Durchleuchten noch bleiben mag. Damit büßt das Kunstwerk seinen ureigenen Gehalt ein, es wird gehaltlos, oberflächlich und nichtssagend. Das künstlerische Schaffen wird auf ein äußerliches Spielen mit leeren, vielleicht noch gefälligen, oft aber auch geschmacklosen Formen reduziert und gleitet fortschreitend ins bloße Machen hinüber.

3. Die skizzierte Entwicklung hat zur Folge, daß die Kunst, die in ihren Ursprüngen aus der Religion erwachsen ist, ihre innere *Einheit mit dem Religiösen* mehr und mehr hinter sich läßt, was nicht selten als Befreiung von einer Macht empfunden wird, die das

Künstlerische vergewaltigt oder seine volle Entfaltung behindert. Weil die Theoria durch ihren Überstieg zum Göttlichen und die Praxis durch die unbedingte Bindung des Sittlichen den Weg für die Religion bereiten, gleitet die Poiesis durch ihre Trennung von Theoria und Praxis weg vom Religiösen. — Dagegen könnte man einwenden, die künstlerische Poiesis sei bezüglich des Religiösen nicht auf Theoria und Praxis angewiesen; denn sie habe vermöge ihrer Transparenz einen *eigenen Zugang* zum Letzten und Ganzen und damit zum Religiösen. Gewiß ist dem künstlerischen Schaffen durch das Kunstwerk dieser Zugang eröffnet; doch führt er von sich aus lediglich zum *er-lebten*, nicht aber zum ge-lebten Religiösen, wie es besonders die Praxis vollzieht. Daher bedarf die Poiesis stets der Praxis und der sie gründenden Theoria, damit sich das erlebte Religiöse im gelebten vollende; das nicht vom Gelebten genährte Erlebte unterliegt ständig der Gefahr, sich zu verflüchtigen.

Vom Religiösen kann auch das *Schöpfertum* des künstlerischen Menschen wegdrängen. Selbstverständlich wird ein Schaffender, der sein Schöpfertum so erfährt, wie es in Wahrheit ist, dieses als Teilnehmen an Gottes absolutem Erschaffen verstehen und so gerade zur Religion hingeleitet werden. Dennoch lassen sich Schaffende immer wieder dazu verführen, ihr Schöpfertum zu *verabsolutieren*, also keine vorgegebenen Strukturen und gesetzten Schranken anzuerkennen. Damit schieben sie den Schöpfer-Gott beiseite und steigern sich in ein Titanentum hinein, mit dem das Religiöse unvereinbar ist oder in dem sie mit dem Glanz des Religiösen sich selbst ausstatten und daher sich selbst vergötzen.

IV. Die Mittlerrolle des Kunstwerks

1. Unsere Ausführungen verdeutlichen und bestätigen die Mittlerrolle, die der Poiesis als dem künstlerischen Schaffen mit dem Kunstwerk zwischen der Theoria-Praxis einerseits und dem Handwerk andererseits zukommt. Die *Beziehung zum Absoluten* oder Göttlichen wird in Theoria-Praxis gelebt oder verwirklicht; in der Poiesis als dem Schaffen des Kunstwerks hingegen wird verwirklicht nur ein innerweltlich-endliches Werk, zu dessen *Konstitution* jedoch das *Erleben* derselben Beziehung gehört. In der Poiesis als Handwerk schließlich geht es um das Verwirklichen innerweltlich-endlicher Werke, in deren *Konstitution* selbst sich jene Beziehung *nicht* findet. Wie diese Gebiete in ihrer verschiedenen Eigenart zur Entfaltung kommen müssen, so brauchen sie ihre gegenseitige Durchdringung in der Einheit des menschlichen Wirkens. Dabei erweist sich die Durchdringung keineswegs als ein Hindernis für die Entfaltung; vielmehr verhilft sie der Entfaltung zu ihrer Fülle, die in dem Maße gefährdet ist und schließlich verlorengeht, wie jene Gebiete auseinanderfallen und sich deshalb nicht mehr gegenseitig befruchten.

Hier ist ein Mißverständnis abzuwehren. Das Herausfallen aus dem Ganzen kann auf einem Einzelgebiet wie der Kunst eine weiter ausgreifende Entfaltung mit sich bringen, als sie unter Bindung in das Ganze möglich und tatsächlich geschehen wäre. Angesichts solcher Entwicklungen fragt es sich jedoch, ob es sich dabei um gesundes Wachstum oder um eine ungesunde, ja *krankhafte Hypertrophie* handelt, ob also wahrhaft Fülle erreicht wird oder ein Abgleiten in Schein-Fülle vorliegt. Auf das letztere deuten so manche Erscheinungen schon auf dem Gebiet des künstlerischen Schaffens hin und werden erst recht viele Anzeichen auf dem Gebiet der Technik hindeuten, worauf wir bald zu sprechen kommen. Daraus ergibt sich, daß gesundes Wachstum zur wahren Fülle einzig durch *Einbeziehen* aller Teilgebiete in das Ganze gewährleistet ist, was für jetzt das Eingründen der Poiesis in Gestalt des künstlerischen Schaffens in Theoria-Praxis besagt und verlangt. Sonst greift das oben beschriebene Verwildern des Kunstwerkes um sich, wodurch es seine Mittlerrolle zum Handwerk hinüber zu spielen nicht mehr imstande ist.

2. Was das Befruchten der Teilgebiete durch das Ganze des menschlichen Wirkens und namentlich der künstlerischen Poiesis durch Theoria-Praxis angeht, ist ein weiteres Mißverständnis abzuwehren. Selbstverständlich hat sich das künstlerische Schaffen nach der ihm *eigenen* und von keinem andern Gebiet entwickelten *Gesetzlichkeit* zu entfalten. Unter welchen Bedingungen ein echtes Kunstwerk zustande kommt und welche Erfordernisse dazu gehören, vermag allein jenes Schaffen zu entscheiden, wie es auch allein imstande ist, das Werk danach zu gestalten. Dafür ist weder die Theoria noch die Praxis zuständig und geeignet. Ihre Aufgabe besteht einzig darin, die durch die Kunst zu vollziehende und vollzogene Teilvollendung in die menschliche Gesamtvollendung *einzufügen* und für deren dieser entsprechendes Gepräge Sorge zu tragen. Hierbei kommt es darauf an, daß die Teilvollendung nicht die Gesamtvollendung allzu sehr zurück- und aus dem Gesichtskreis hinausdränge, ja tatsächlich, wenn auch nicht grundsätzlich, unmöglich mache. Zugleich kommt es darauf an, die künstlerische Teilvollendung mit der menschlichen Gesamtvollendung zu durchformen, so daß jene nicht nur äußerlich von dieser umfangen ist, sondern auch innerlich dieser dient und zu ihr hinstrebt. Solches *Durchformen* wider-spricht keineswegs der Teilvollendung, sondern

ent-spricht ihrem innersten Wesen, da sie ja gerade als Teil-Vollendung von ihrer Wurzel her in die Gesamt-Vollendung hineingehört. In alledem entfaltet sich das menschliche Wirken nach seiner reichen, viel-einheitlichen Struktur, wobei der Bezug zum Überweltlich-Göttlichen und damit die Religion die entscheidende Rolle spielt, was an der Technik noch deutlicher hervortritt, wie unsere folgenden Darlegungen zeigen.

Fünfter Teil: Die Poiesis als Handwerk

I. Das Ding als das Nützliche

1. Innerhalb der Poiesis hebt sich vom Kunstwerk das Handwerk ab; wie jenes auf die Schönheit hinzielt, so dieses auf das *Nützliche* oder Brauchbare; wie jenem das Schaffen zugeordnet ist, so diesem das *Machen*, weshalb wir jetzt in das Feld des Machbaren eintreten. Nützlich in einem weiteren Sinne sind die Mitmenschen, die einem oder mehreren Menschen beim Erreichen bestimmter Ziele eine Hilfe bieten, wie der Arzt beim Wiederherstellen der gestörten Gesundheit. Doch darf ein Mensch nie als nur nützlich behandelt werden, weil das seiner Würde als Person widerstreitet; denn das bloß Nützliche ist Mittel zum Zweck, wird also lediglich um des Zweckes, nicht aber um seiner selbst willen geschätzt, während dem Menschen stets als „Zweck an sich selbst" Achtung gebührt. Daher sind nützlich im engeren oder eigentlichen Sinne *nur Dinge*, denen es nicht widerstreitet, als bloßes Mittel zum Zweck eingesetzt oder allein um des Zweckes willen geschätzt zu werden. Genauerhin sind nützliche Dinge solche, die *nächsten und partikulären Zielen* dienen; zu diesen sind alle Ziele zu rechnen, die nicht das letzte Gesamtziel oder dessen verschiedene Seiten sind. Im Unterschied zum Schönen ist das Nützliche ein Ding, zu dessen Konstitution nicht die thematische Transparenz oder das ausdrückliche Durchleuchten des Letzten und Ganzen oder des Gesamtzieles gehört; im Gegensatz dazu ist eine verborgene oder *athematische* oder nicht-ausdrückliche *Transparenz* auch dem Nützlichen nicht abzusprechen.

Nützliche Dinge sind von zweierlei Art, insofern ihnen ihre Nützlichkeit entweder schon von *Natur* aus oder erst durch das *Eingreifen* des Menschen zukommt. Von der ersten Art sind Nahrungsmittel, die er so, wie er sie findet, verzehren, oder für den Urmenschen Höhlen, die er ohne weiteres bewohnen kann. Von der zweiten Art sind solche Dinge, die der Mensch erst entsprechend herrichten muß, damit sie ihm von Nutzen oder für ihn brauchbar sind; hierher gehören Nahrungsmittel, die er erst durch Kochen bereiten, oder eine Hütte, die er sich erst bauen muß, indem er dazu Holz im Wald schlägt und vor-bereitet.

Das Herrichten solcher Dinge kann wiederum auf zweierlei Art geschehen, entweder durch die *Hände allein* oder durch Werkzeuge, die einer in die Hand nimmt. Wiederum ist die erste Art die ursprüngliche, weil naturgemäß die *Werkzeuge* so entstehen müssen. Durch diese verschafft sich der Mensch die Möglichkeit, die nützlichen Dinge hervorzubringen, für deren Herstellen seine Hände nicht ausreichen; mit Hilfe der Werkzeuge verlängert, verstärkt und verfeinert er seine Hände, etwa durch Stangen zum Herbeiholen von Früchten, durch einen Hammer zum Bearbeiten von Holz oder Metall, durch einen Stichel zum Ziselieren von Ton. Mit Heideggers Formel sind die Werkzeuge „um-zu“, also ausgesprochene Mittel zum Zweck, die einzig oder wenigstens vornehmlich wegen ihrer Dienlichkeit zum Erreichen der entsprechenden Zwecke geschätzt und hergestellt werden[24]).

2. Die Frage erhebt sich, *warum* der Mensch nützliche Dinge herstellt und dazu sogar noch Werkzeuge erfindet. Ein erster Grund liegt in seiner *Unspezialisiertheit,* wegen der er nicht wie die Tiere ganz bestimmten Lebensumständen angepaßt und demgemäß ausgerüstet ist; im Gegensatz dazu ist die Ausstattung des Menschen offen oder nicht auf begrenzte Lebensumstände eingerichtet. In Folge davon ist das Tier

[24]) Sein und Zeit, § 15.

zunächst besser als er imstande, sich im Kampf ums Dasein zu behaupten; freilich ergibt sich als Kehrseite, daß das Tier außerhalb der arteigenen Lebensumstände hilflos ist, während dem Menschen vermöge seiner Offenheit die Anpassung an sehr verschiedene Situationen gelingen kann. Dazu ist jedoch erforderlich, daß er seine Unspezialisiertheit durch nützliche Dinge und Werkzeuge ausgleicht, wodurch er die Anpassung an mannigfache Lebensumstände vollzieht und allmählich sich im Kampf ums Dasein besser als das Tier zu behaupten imstande ist. Das zeigt sich etwa beim Suchen seiner Nahrung, beim Überstehen der wechselnden Witterung, beim Überleben im Kampf mit Feinden.

Zu dem ersten vorwiegend biologischen Grund kommt der zweite ausgesprochen menschliche, der über die Natur hinausführt und die Kultur betrifft. Gewiß lag schon im bisher Gesagten ein Anfang von Kultur, jener Anfang nämlich, ohne den der Mensch als Naturwesen sich nicht zu behaupten oder auch nur zu überleben vermag. Die weitere Entfaltung jenes Anfangs kommt erst zur *eigentlichen Kultur*, die das Leben des Menschen nicht nur ermöglicht, sondern auch fortschreitend erleichtert und immer menschlicher ausgestaltet. Im dem Maße, wie er sich seiner Einzigartigkeit in der Welt bewußt wird, paßt er diese seiner Eigenart an oder stimmt er sie auf seine Bedürfnisse ab, wodurch die ständig weitergetriebene Ver-menschlichung oder Humanisierung der Welt zustande kommt, die im Denken von E. Bloch ein fundamentales Thema bildet[25]). Der Mensch ist dann nicht mehr nur von Naturdingen umgeben, die unabhängig von ihm entstehen, sondern hat in steigendem Maße Kulturdinge zur Verfügung, die aus seinem eigenen

[25]) *E. Bloch,* Das Prinzip Hoffnung. 3 Bde. Frankfurt 1954—1959; *J. Moltmann,* Theologie der Hoffnung. [9]München 1973.

Tun hervorgehen und seine Struktur widerspiegeln. Hand in Hand damit geht die Humanisierung des Menschen selbst, von der sich die Humanisierung der Welt herleitet, die selbst wieder auf die des Menschen zurückwirkt.

II. Das Nützliche und das Gesamtziel

1. Da nun der Mensch bei den nützlichen Dingen mit vorletzten Teilzielen ohne ausdrückliche Transparenz beschäftigt ist, bleibt zu klären, wie sich die ganze Welt des Nützlichen zum letzten Gesamtziel verhält, ob sie dazu hin- oder davon wegführt, ob sie also mit ihm zusammenstimmt oder ihm widerstreitet. Vielleicht steht alles Nützliche dem letzten Ziel oder der Gesamtvollendung des Menschen *indifferent* oder ambivalent gegenüber, so daß es von sich aus auf keine der beiden Richtungen festgelegt ist oder in jeder der beiden Richtungen eingesetzt werden kann. Dann hängt es aber von der Art des *Gebrauchs* ab, den der Mensch vom Nützlichen macht, ob und wie es zur gesamtmenschlichen Vollendung beiträgt. Damit kommt zugleich die Frage auf uns zu, wie sich die Poiesis im Sinne des Handwerks zu derjenigen im Sinne des Kunstwerks und darüber hinaus zur Praxis und zur Theoria verhält, die alle je auf ihre Weise mit der Gesamtvollendung und dem letzten Ziel zu tun haben.

Vorblickend gelangen wir zu der Vermutung, der Mensch sei beim Verfügen über das Nützliche keineswegs seiner Willkür überlassen, sondern gehalten, es auf seine Gesamtvollendung und damit auf das letzte Ziel auszurichten. Folgerichtig wäre das Nützliche nur *vordergründig* indifferent oder ambivalent, während es *hintergründig* auf die Gesamtvollendung und das letzte Ziel hin angelegt wäre, was seiner athematischen oder nicht-ausdrücklichen Transparenz entspräche, von der oben die Rede war. Zwar ist der Mensch imstande, das Nützliche im Widerstreit gegen seine Gesamtvollendung zu verwenden, wobei er aber nicht nur gegen diese, sondern auch gegen die innerste Wesensgesetzlichkeit des Nützlichen selbst frevelt. Ebenso ist der Mensch zwar imstande, die Poiesis im Sinne des Handwerks von den drei oben genannten Stufen loszureißen, wodurch er sich aber nicht nur gegen jene Stufen, sondern auch gegen das Handwerk oder dessen tiefste Dynamik vergeht.

2. Das im Vorblick Angedeutete gilt es im einzelnen durchzuführen; dazu ist zunächst der Unterschied zwischen dem Handwerk im engeren Sinne und der Technik auszuarbeiten. Dieser klärt sich, wenn wir die zwei ihnen zugeordneten Weisen des Machens voneinander abheben. Wie das Wort sagt, sind die nützlichen Dinge, die das Handwerk herstellt, *Werk der Hand*, und zwar, was wir bereits erwähnten, entweder unmittelbar oder mittelbar. Im letzteren Falle stellt der Mensch zunächst unmittelbar mit seiner Hand Werkzeuge her, mit deren Hilfe er dann mittelbar andere nützliche Dinge zustande bringt. Diese können wiederum Werkzeuge sein, mit denen er weitere nützliche Dinge hervorbringt, weshalb die Mittelbarkeit, die von der Hand zum fertigen Ding führt, oft mehrere Stufen umfaßt. Das Entscheidende dabei ist, daß die Werkzeuge *nicht selbst-tätig* sind, sondern von der Hand des Menschen bewegt werden müssen, damit das entsprechende Werk entsteht. Als Beispiel diene die Sense, die der Schmied verfertigt und die ein Bauer in die Hand nimmt, um sein Getreide zu ernten. Das Entwickeln von Werkzeugen sowie deren Gebrauch ist etwas ausgesprochen Menschliches. Gewiß findet sich auch bei höheren Tieren, wie interes-

sante Experimente im einzelnen nachgewiesen haben, ein primitiver Werkzeuggebrauch; doch geht es dabei um einfachste Hilfsmittel, angewandt innerhalb der Bedürfnisse eines Naturwesens, oder um bloße Nachahmungen menschlichen Verhaltens. Der Mensch hingegen erfindet und verwirklicht immer mehr verfeinerte Werkzeuge, die weit über die Bedürfnisse des Naturwesens hinausreichen, zur Entwicklung der eigentlichen Kultur dienen und erst in diesem Rahmen sinnvoll sind.

Insofern das Werkzeug in die Hand des Menschen gehört, dieser angepaßt ist und von ihr bewegt wird, ist der Mensch beim Herstellen nützlicher Dinge ganz und gar bestimmend oder besteht nicht die Gefahr, daß sich das Werkzeug sozusagen selbständig macht und gegen den Menschen wendet. Daher weist das Machen ein *menschliches Gepräge* auf und bleibt der menschlichen Gesamtvollendung eingeordnet. Doch sind auch hierbei schon *Entartungen* zu bemerken, die das Herstellen aus der Verfügung des Menschen herausfallen lassen und dazu führen, daß nicht mehr der Mensch das Herstellen, sondern umgekehrt das Herstellen den Menschen bestimmt, ihn seiner vollen Freiheit beraubt und einer gewissen Sklaverei unterwirft. In diese Richtung wird er nicht selten etwa durch seinen Ehrgeiz oder sein Gewinnstreben getrieben, weshalb er die Teilziele, von ihnen besessen, so verfolgt, daß er das Gesamtziel vernachlässigt, die Gesamtvollendung aus den Augen verliert, aus ihr ausbricht und sie letzten Endes vereitelt. Damit geht der *Mensch im Handwerker* unter, wobei aber dieser selbst seine echte Gestalt einbüßt und in eine Pseudo-Gestalt seiner selbst abgleitet; der Handwerker wird durch den Ehrgeizling oder den Raffgierigen überlagert, was oft auch dem Herstellen der Werke und den hergestellten Werken schweren Schaden zufügt. Wie man hier leicht sieht, werden die Irrgänge keineswegs durch das Handwerk oder dessen wahres Wesen verursacht, sondern durch ein *Versagen des Menschen*, der seine Leidenschaften zu zügeln nicht imstande ist und durch seine Unreife oder Schwäche Entwicklungen Raum gibt, die nicht wenige Handwerker zugrunde gerichtet haben und immer wieder auch heute zugrunde richten.

Im Gegensatz dazu stellt sich der echte Handwerker als ein reifer Mensch dar oder vermag nur, wie unsere Darlegungen zeigen, ein *reifer Mensch* das Handwerk nach seinem wahren Wesen zu verwirklichen. Ein solcher wird aber, was auch die Geschichte in zahlreichen Fällen bezeugt, ganz von selbst in den *Künstler* hineinwachsen. Weil er nämlich beim Ausüben seines Handwerks den Bezug zum Letzten und Ganzen nicht aus dem Blick läßt und dieser Bezug hintergründig sein Tun bestimmt, kann es nicht ausbleiben, daß jene Tiefe in dazu geeignete Werke auch vordergründig miteinfließt und ihnen Transparenz verleiht. Viele Maler und Bildhauer des Mittelalters haben auf diesem Wege jene Größe erreicht, die wir noch in der Gegenwart an ihnen bewundern. Mit der er-lebten Transparenz kann leicht die *ge-lebte* zusammenschwingen und so das Einbetten der gesamten Poiesis in die Praxis und die Theoria gelingen, was mit dem ausdrücklichen Ausprägen der menschlichen Gesamtvollendung gleichbedeutend ist. Namentlich setzt sich damit das Religiöse als die letzte alles durchformende Macht des menschlichen Daseins durch, die rückwirkend auch dem Handwerk die Gewähr seiner reifen Vollendung schenkt, ohne es seiner Eigengesetzlichkeit zu entfremden.

Sechster Teil: Die Poiesis als Technik

I. Werkzeug und Maschine

1. Der Übergang vom Handwerk zur Technik vollzieht sich auf eine fast unmerkliche Weise, indem das Werkzeug zur *Maschine* fortgebildet wird. Der Unterschied zwischen beiden liegt darin, daß ein Werkzeug nicht sich selbst bewegt, sondern nur dann etwas hervorbringen kann, wenn es vom Menschen, vor allem von seiner Hand (oder auch von seinem Fuß wie die Töpferscheibe), bewegt wird, eine Maschine hingegen *sich selbst bewegt* und so die ihr eigenen Werke zustande bringt.

Beide kommen darin überein, daß sie nicht in der vorgegebenen Natur vorzufinden sind und auch nicht durch Naturvorgänge entstehen; vielmehr müssen sie vom Menschen *hergestellt* werden, so daß sie selbst schon Kulturprodukte sind, die entweder unmittelbar oder wenigstens mittelbar von der Hand des Menschen herrühren; mittelbar will besagen, daß sie vermittelt durch andere Werkzeuge und auch Maschinen aus der Hand des Menschen hervorgehen. Werkzeug und Maschine haben auch das gemeinsam, daß sie nichts als *Mittel zum Zweck*, also ganz und gar „um-zu" sind; sie werden einzig dazu geplant und hergestellt, geschätzt und gebraucht, daß sie zum Hervorbringen nützlicher Dinge dienen, die den Menschen und die Natur humanisieren und so die geschichtlich-technische Kultur heraufführen; nützliche Dinge umschließen auch Vorgänge und Verrichtungen. Sie sind entweder vom Menschen verschieden wie ein Haus und ein Ruderboot oder haben ihren Ort im Menschen selbst wie das Skalpell als Werkzeug einer Operation und die künstliche Niere zur Regelung des Stoffwechsels eines Kranken.

2. Mit *Werkzeugen* werden nicht nur nützliche, sondern auch *schöne* Dinge gemacht bzw. geschaffen; Hammer und Meißel, Pinsel und Farbe sind in jedem der beiden Bereiche verwendbar, weshalb mit ihnen ein Mensch den Aufstieg vom Handwerker zum Künstler vollziehen kann. Ob sie in dem einen oder dem andern Sinne gebraucht werden, hängt allein vom Menschen ab, nicht aber von den Werkzeugen selbst. Bezüglich der *Maschinen* ist man meist der Meinung, daß sie einzig *nützliche* Dinge herzustellen imstande sind; neuerdings jedoch tritt man öfters für die Ansicht ein, daß auch sie *schöne* Dinge hervorzubringen vermögen. Das ist ohne weiteres zuzugeben, solange man die Schönheit lediglich in der wohlgestalteten *äußeren Form* sieht. Sobald jedoch für die wahre Schönheit die *Transparenz* verlangt wird, scheint für solche Werke die Maschine nicht in Frage zu kommen. Der Grund dafür ist einleuchtend; da ein Werkzeug, allein vom Menschen bewegt, das entsprechende Werk verwirklicht, fließt von dem der Transparenz geöffneten Menschen her diese in das Werk selbst hinüber; da die Maschine hingegen sich selbst bewegt und sie selbst keineswegs für die Transparenz offen ist, scheint sie auch diese nicht in das Werk hineinbilden zu können. Ob sich das wirklich so verhält, läßt sich erst entscheiden, wenn wir das Sich-selbst-bewegen der Maschine genauer untersucht haben.

3. Wie unschwer zu sehen ist, unterscheidet sich das *Sich-selbst-bewegen* der Maschinen grundsätzlich oder wesentlich von demjenigen der Lebewesen, soweit diese nicht mit Descartes und einigen heutigen Naturforschern auf bloße Maschinen reduziert werden. Sich-selbst-bewegen heißt im Falle der Maschine nur, daß sie nicht wie das Werkzeug des ständigen Anstoßes durch den Menschen bedarf, sondern nach einem anfänglichen Anstoß ohne dessen weiteres Zutun ihre

Tätigkeit ausführt; so läuft die elektrische Lokomotive selbst-tätig ihre Bahn, nachdem der Mensch den Strom eingeschaltet und damit sie dessen Einfluß ausgesetzt hat. Dabei nimmt er die *Stoffe* und die *Kräfte*, die er in der Natur vorfindet, in seinen Dienst, indem er sie seinen *eigenen Zielen untertan macht* oder, wie Heidegger sich ausdrückt, sie *stellt*, d. h. sie zwingt, von ihrer eigenen Bahn abzuweichen und die vom Menschen vorgeplante Bahn zu befolgen; das läßt sich an einem in den Ober-Rhein gebauten Wasserkraftwerk veranschaulichen (Heidegger)[26]). Freilich kann der Mensch dabei nicht willkürlich verfahren, obwohl ihm ein weiter Spielraum zur Verfügung steht; denn er muß sich genau an die den Stoffen und den Kräften eingeprägten *Gesetzlichkeiten* halten sowie die damit vorgegebenen oder nicht-vorgegebenen Möglichkeiten beachten, weil sonst seine Unternehmungen an der unerbittlichen und von ihm nicht veränderbaren Härte des Vorgefundenen scheitern. Hier zeigt sich, wie er zwar in großartigem Ausmaß Neues schöpferisch hervorzubringen imstande ist, wie er aber zugleich kein absoluter, sondern ein sehr abhängiger „Schöpfer" ist. — Auf die Lebewesen zurückblickend, sehen wir, daß sie auf eine Weise selbst-tätig und vom Menschen unabhängig sind, die eine Maschine nie erreicht; denn sie bauen sich selbst und verschaffen sich selbst die Anstöße, die sie brauchen, um ihre Lebenstätigkeiten auszuüben.

II. Maschine und Programmieren

1. In diesem Zusammenhang ist in der heutigen Diskussion ständig von Programm und programmieren die Rede. Der Mensch entwirft den Plan oder das Programm eines herzustellenden Werkes und des Her-

[26]) Vgl. die in Anm. 2 angeführte Schrift Heideggers.

stellens selbst, durch das ein Werk verwirklicht werden soll; ein solches Programm wird ausgearbeitet oder konkretisiert im Hinblick auf die Stoffe und die Kräfte, die dafür zur Verfügung stehen. Man denke an das Programm des Erzeugens von elektrischem Strom mittels Turbinen, die von Wasserkraft getrieben werden. Indem die entsprechenden Fachleute das Programm dem *vorgegebenen Material einprägen,* bauen sie die Maschinen mit der erforderlichen Wasserzuleitung, weshalb sie nur die Schleusen, die das Wasser zurückhalten, zu öffnen haben, damit die Turbinen in Schwung kommen und den Strom erzeugen. Gewaltige Wirkungen, die der Mensch mit seinen begrenzten Kräften unmittelbar nicht zu erreichen vermag, bringt er mittelbar dadurch zustande, daß er die ihm weit überlegenen Naturkräfte für sich arbeiten läßt. Hierbei muß eine zweifache Überlegenheit in Betracht gezogen werden; denn mit der materiellen Überlegenheit der Naturkräfte verbindet sich die geistige Überlegenheit des Menschen, der sie zu bändigen und in seinen Dienst zu stellen imstande ist. Einzig im Zusammenwirken beider entstehen die Maschinen und die Werke der Technik.

Was das Programmieren betrifft, so kann es dynamisch oder statisch vollzogen werden. Von einem *dynamischen* Programmieren darf beim Werkzeug die Rede sein; insofern nämlich der Mensch mit seiner Hand das Werkzeug bewegt, teilt er ihm von Augenblick zu Augenblick einen Schritt seines Programmes mit und bringt durch das so programmierte Werkzeug das geplante Werk hervor. Das *statische* Programmieren hingegen geht die Maschine an, insofern das Programm in der Struktur der Maschine seinen Niederschlag findet oder es ihr so eingeprägt ist, daß sie es, nachdem der erforderliche Anstoß erfolgt ist, selbsttätig ausführt. Im Gegensatz zum Werkzeug, das

Schritt für Schritt immer neu programmiert wird, weist die Maschine ein *dauerndes* Programmiertsein auf. Beide Male entstammt das über das Naturgeschehen hinausgehende Werk dem Programm und damit dem Menschen, der also mittels des Programms auch in der Maschine tätig ist. Genaugenommen, ist daher die Maschine nur vordergründig selbst-tätig, während sie hintergründig bezüglich ihrer besonderen Leistung *durch den Menschen tätig* ist, der folglich zuletzt der Bestimmende des gesamten Geschehens bleibt.

2. Neuerdings haben die *Rechenautomaten* (Computer) eine weitere ungeahnte Entwicklung im Hinblick auf die Maschine und das Programmieren eingeleitet; ihre elektronischen Systeme erreichen eine wesentlich höhere Stufe der *Selbst-tätigkeit* und so der Eigenständigkeit, als das bei den bisherigen Maschinen der Fall war. Zunächst ist ein solcher Automat nicht auf nur ein Programm festgelegt, sondern für beliebig *viele Programme* offen, weshalb er heute etwa für das Feststellen eines Wahlergebnisses und morgen für das Bauen eines Atomkraftwerkes eingesetzt wird. Daher kann man sich mit den Aufgaben, die gerade zu erledigen sind, an irgendeine entsprechend leistungsfähige Computerzentrale wenden, die dem Automaten den erforderlichen Lochstreifen eingibt und damit die Aufgabe angeht. Bei den bisherigen Maschinen ist ein mehrfaches Programmieren nur in einem sehr beschränkten Rahmen möglich; als Beispiel sei ein Wasserkraftwerk genannt, das bei Tag mit Hilfe des stürzenden Wassers Strom erzeugt, bei Nacht hingegen mit Hilfe des von einem Dampfkraftwerk gelieferten Stroms das Wasser wieder in das höhere Becken hinaufpumpt.

Vor allem übertrifft der Automat die anderen Maschinen darin, daß er nicht nur nach einem entwickelten Programm arbeitet, sondern das *Programm selbst entwickelt,* wobei er freilich von dem durch den Lochstreifen ihm Eingegebenen abhängt, ohne das er nichts zu tun oder überhaupt nicht tätig zu sein vermag. Der Lochstreifen enthält lediglich die Grundlinien der zu lösenden Aufgabe mit einer Anweisung des Weges, der möglicherweise zu einer Lösung führt. Zugleich muß der Streifen stets die Aufgabe auf die einzige Alternative übersetzen, die dem Automaten zugänglich ist, nämlich auf 0 oder 1, was mit Nein oder Ja gleichbedeutend ist. Auf diese Weise sozusagen gefüttert oder programmiert, spielt der Computer die *Kombinationen* durch, die mit dem empfangenen Material möglich sind, und kommt so von den Anfängen des Programms zu dessen entwickelter Gestalt. Dabei wird die anfangs vermutete Lösung entweder bestätigt und im einzelnen ausgearbeitet oder als unmöglich zurückgewiesen oder eine andere Lösungsmöglichkeit angeboten; nicht selten *überschreiten* die vom Computer gefundenen Kombinationen das, was der die Aufgabe stellende Mensch zu sehen imstande war, wodurch der Computer etwas dem Schöpferischen des Menschen Ähnliches aufzuweisen hat. In vielen Leistungen läßt der Automat den Menschen hinter sich, besonders was *Schnelligkeit* und *Zuverlässigkeit* betrifft. Damit ist der Roboter ohne Bewußtsein und Freiheit in das Leben des Menschen eingetreten, der ihm viele Arbeiten wie mühsames Rechnen abnimmt und der manche Unternehmungen wie den Weltraumflug erst realisierbar macht. Er hat die Möglichkeiten des Menschen unabsehbar erweitert und leitet in mehr als einer Hinsicht ein neues Zeitalter ein, vor dem wir noch staunend stehen, in dem wir uns noch kaum zurechtfinden und das zu bewältigen wir erst anfangen, wozu wir noch wenig befähigt sind[27]).

[27]) *F. Klemm,* Technik. Eine Geschichte ihrer Probleme. Freiburg-München 1954.

III. Das neue Zeitalter

1. Die Ausmaße dessen, was hier an Neuem den Menschen überfällt, zeichnen sich noch deutlicher ab, wenn wir zu den *ersten Maschinen,* wie sie aus dem Handwerk hervorgehen, zurückkehren. Da lernt der Mensch bereits die Naturkräfte nach bescheidenen Anfängen seinem Dienst zu unterwerfen. Während er etwa sein Korn zuerst mit einer Handmühle in Mehl überführt, läßt er später die Elemente in einer Wasser- oder einer Windmühle dasselbe leisten. Hierbei bewegt er sich noch in der Nähe von Naturvorgängen und bleibt so in das Naturgeschehen eingebettet. Davon entfernt er sich jedoch um so weiter, je mehr er die Maschinen unablässig *vervollkommnet.* Hierzu bieten ihm die Naturwissenschaften eine unentbehrliche Hilfe, indem sie durch Beobachtung und Experiment sowie durch die mathematische Berechnung die Stoffe und die Kräfte der Natur immer umfassender erforschen und so deren Brauchbarkeit für das Herstellen von Maschinen dem Menschen nahebringen. Wichtig ist in diesem Zusammenhang das Fortschreiten von der Beobachtung zum *Experiment*, weil jene nur erfaßt, was die Dinge von sich aus mitteilen, während dieses ihnen abringt oder sie zu sagen zwingt, was sie von sich aus verborgen halten. Ausgerüstet mit solchem Eindringen in die Geheimnisse der Natur, gelingt es dem Menschen in steigendem Maße sein schöpferisches Können zu entfalten, mit dem er sich immer wieder neue Ziele setzt und die dazu nötigen Maschinen erfindet und konstruiert.

Auf diesem Wege ist er nunmehr bei den oben besprochenen *Rechenautomaten* angekommen, deren noch nicht abzusehende Leistungsfähigkeit dadurch ins Ungeheure wächst, daß es dem Menschen gelungen ist, den *Atomkern zu spalten* und die darin gebundene

Energie zu entbinden und in seine Verfügung zu bringen. Da diese Energiequelle alle anderen gewaltig überragt, gibt sie Möglichkeiten in die Hand des Menschen, die vorläufig mehr erschreckend als erfreuend sind, zumal der Gebrauch dieser Energie zum kriegerischen Zerstören ihrem friedlichen Nutzen zu wohltätigen Zwecken vorausgeeilt ist. Nie kann genug bedacht werden, daß der Mensch heute zum ersten Mal im Lauf seiner Geschichte imstande ist, die Erde auszuplündern oder ihre in Millionen von Jahren angesammelten Vorräte rücksichtslos auszubeuten und so zu *vergeuden*, was dem Zerstören der für sein Dasein notwendigen Umweltbedingungen gleichkommt. Ja, es steht in seiner Macht, durch eine atomare Kettenreaktion unseren Planeten in einen glühenden Feuerball zu verwandeln; das tritt ohne weiteres ein, sobald die Atombomben gezündet werden, die heute schon bereitliegen[28]).

2. Doch auch abgesehen von der Atomenergie haben die elektronischen Computer etwas Unheimliches an sich, das in dem Wort „*Automation*" zum Ausdruck kommt. Angewiesen von den Lochstreifen, kann der Automat immer neue und immer umfassendere Aufgaben übernehmen, zumal die Computer, die wir bauen, ständig leistungsfähiger werden. Schon sind unsere neuesten Modelle so weit gediehen, daß sie, entsprechend programmiert, in einem industriellen Betrieb die *Steuerung der Fabrikation* übernehmen. Solch ein Unternehmen arbeitet sozusagen selbst-tätig, weil die Arbeiter als überflüssige Beigabe aus den Werkshallen verschwinden; verlangt ist nur der eine oder andere Ingenieur, der den Automaten ein- und ausschaltet, seine Tätigkeit überwacht, gegebenenfalls korrigierend eingreift und die Maschine repariert, wenn sie Schaden

[28]) *M. Blin,* Die veruntreute Erde. Der Mensch zwischen Technik und Mystik. Freiburg 1977.

gelitten hat und nicht mehr einwandfrei funktioniert. Die Automation immer weiter zu treiben, verlangt die Konkurrenzfähigkeit vor allem auf dem Weltmarkt; die Produkte werden billiger, wenn der teuerste Produktionsfaktor, nämlich die menschliche Arbeit, möglichst eingeschränkt wird. Die Maschinen machen sich selbständig, der *Mensch* wird *ausgeschaltet;* so und so viele verlieren ihre Arbeitsplätze, und es ist eine weithin ungelöste Frage, wie man den Arbeitslosen ihren nackten Lebensunterhalt und darüber hinaus ein sinnerfülltes Dasein verschaffen könne.

IV. Wesen und Gefahren der Technik

1. Allmählich haben die Maschinen und besonders die Automaten das Leben des Menschen grundlegend verändert. Das, was aus der Tätigkeit der Maschinen hervorgeht, hat solche Ausmaße angenommen, daß man von einer *zweiten*, vom Menschen *gemachten Welt* sprechen kann, die er in die erste, von Natur aus gegebene Welt hineingebaut hat und immer weiter hineinbaut. Die zweite Welt ist seine eigene Welt; sie ist von seiner eigenen Art bestimmt und dieser entsprechend gestaltet; eine alle früheren Erwartungen unabsehbar übertreffende *Humanisierung* der Welt findet fortschreitend statt. Damit geht Hand in Hand das *Entbergen* der in der Welt und im Menschen selbst verborgenen Möglichkeiten; hierbei werden verdeckte Möglichkeiten entdeckt, von denen unsere Vorfahren und noch unsere Großeltern keine Ahnung hatten. In diesem Sinne versteht Heidegger die Technik als Enthüllen von Sein, das bisher im Seienden verhüllt war, weshalb er sich dagegen wehrt, sie einfach mit Seins-

vergessenheit oder mit dem Sich-verlieren im Seienden gleichzusetzen[29]).

Von hier aus gesehen, besagt die Technik nicht ein unzulässiges Titanentum; vielmehr verwirklicht in ihr der Mensch den ihm mitgegebenen und eingeprägten Auftrag, das in der Welt und in ihm selbst *Unvollendete zu vollenden.* Zugleich erreicht in der elektronischen Technik das schon beim künstlerischen Schaffen besprochene *Schöpfertum* des Menschen trotz und in seiner oben erwähnten Abhängigkeit ein Äußerstes. Er darf und soll erfahren, wie er die Welt und auch sich selbst auf eine früher unerhörte Weise zu verändern vermag, wie er sogar eine neue Welt nach eigenem Entwurf schöpferisch hervorzubringen imstande ist. Indem schließlich die Technik dem Menschen viele materielle Arbeit abnimmt, verschafft sie ihm *die Muße*, von der Aristoteles sagt: Wir arbeiten um der Muße willen. Von dieser Ordnung, nach der die Arbeit um der Muße willen da ist, sind freilich viele Heutige weit entfernt, weil sie die Muße vielfach nur als die Gelegenheit sehen, neue Kräfte für die Arbeit zu sammeln. In Wahrheit hingegen ist die von belastender Arbeit freie Zeit nur dann Muße, wenn sie uns den Raum für die und den Weg zu der Kontemplation bereitet, über die J. Pieper Gültiges gesagt hat. So verstanden, mündet die Technik durch die von ihr geschenkte Muße in die Theoria ein; davon gilt: Wer die Muße nicht kennt, lebt nicht[30]).

In dem eben Gesagten tritt uns das *Wesen* der Technik entgegen, das durchaus *positive Züge* aufweist. Es besteht kein Anlaß zu einer grundsätzlichen Verteufelung oder Dämonisierung, die in der Technik nur ein Verhängnis sieht oder sie als etwas Böses

[29]) Vgl. die in Anm. 2 angeführte Schrift; auch *M. Heidegger*, Die Technik und die Kehre. Pfullingen 1962.

[30]) *J. Pieper*, Glück und Kontemplation. ²München 1957.

wertet, das dem Menschen einzig Schaden bringt oder wenigstens so viel Schaden stiftet, daß ihr Positives kaum in Betracht kommt. Ähnlich wie das Werkzeug ist die Maschine samt der durch sie ermöglichten Technik *an sich etwas Gutes,* das aber der Mensch mißbrauchen kann und wegen seines begrenzten Blickes und seiner ungezügelten Leidenschaften oder seiner Unreife auch tatsächlich oft mißbraucht hat und gegenwärtig mißbraucht.

Freilich ist der wichtige Unterschied zwischen dem Werkzeug und der Maschine, zumal in Gestalt des elektronischen Automaten nicht zu übersehen. Erstens ist das *Ausmaß* des ungeheuren Schadens, den die Technik anzurichten imstande ist, nicht mit dem meist verhältnismäßig geringen Schaden, den die Werkzeuge verursachen, zu vergleichen. Zweitens sind die Neigung und der Antrieb zum Mißbrauch bei der Technik wegen ihres ständig wachsenden *Abstandes* von der Natur wesentlich größer als beim Werkzeug, dessen Naturnähe den Menschen in der Ordnung hält. Daher drohen in der Technik Gefahren, von denen beim Werkzeug keine Rede sein kann; weit entfernt, sie in einem naiven Optimismus abzustreiten, gilt es, sich mit ihnen ernstlich auseinanderzusetzen. Um hierbei nicht zu unterliegen, braucht der *Mensch eine Reife,* die jene des Werkzeuge gebrauchenden Menschen nicht nur erreicht, sondern weit übertrifft. Das Tragische unserer Situation jedoch ist, daß der heutige Mensch hinter dem früheren an Reife zurückzubleiben scheint und obendrein die tatsächliche Entwicklung des technischen Zeitalters eine solche Reife sehr erschwert und die bereits gewonnene Reife aufzehrt, anstatt sie zu mehren und zu vertiefen[31]).

[31]) *H. Lenk,* Philosophie des technologischen Zeitalters. Stuttgart 1971; *K. Hübner,* Philosophische Fragen der Technik, in: Techne Technik Technologie (Hrsg. H. Lenk/S. Moser). Pullach

2. Die *Gefahren*, die in unseren Erläuterungen der Technik schon mitanklangen, sind genauer zu umreißen. Trotz und in der Humanisierung, von der wir sprachen, bedroht uns die *Ent-Humanisierung*, die Zerstörung des eigentlich Menschlichen oder die Unmenschlichkeit, die auf mannigfache Weise heute bereits durchbricht. Mit der wachsenden Selbst-tätigkeit der Maschinen tritt der Mensch mehr und mehr zurück; ihre Eigengesetzlichkeit bildet sich fortschreitend aus und setzt sich durch, während dem Menschen das Gesetz des Geschehens im selben Maße entgleitet. Die *Maschine läuft dem Menschen davon* und entzieht sich seiner Verfügung; sie macht sich autonom und wendet sich gegen ihn, ja vergewaltigt ihn. Nicht der Mensch, sondern die Maschine bestimmt das Gepräge der Kultur; sie reißt die Herrschaft an sich und verkehrt das Leben in ein maschinenmäßiges *Funktionieren*. In diese Zusammenhänge leuchten Worte, freilich allzu pessimistische Worte, eines Weisen des alten China hinein; nach ihm betreibt einer, der sich auf die Maschine einläßt, alles maschinenmäßig, wodurch sich sein Herz allmählich in ein Maschinenherz verkehrt.

Das wird um so leichter und verhängnisvoller eintreten, je weniger der Mensch über *innere Kraft* verfügt und deshalb der Macht der Maschine und ihres Soges widerstandslos ausgeliefert ist. Dieselbe Entwicklung steigert sich in dem Maße, wie er mit immer *stärkeren Kräften* zu tun hat, vor deren Übermacht er sich wie die bare Ohnmacht vorkommt. Noch weiter verschärfend wirkt die *Abwesenheit* des Menschen, die durch die Automation gegeben ist, wobei er um so weniger in Erscheinung tritt und sein menschliches Ge-

1973, S. 133—151. Darin: „So kann die Entwicklung der modernen Technik als Explikation eines Systems betrachtet werden, dessen Grundzwecke Rationalität, Exaktheit, Fortschritt sind" (S. 148).

präge zur Geltung bringt, je umfassender die Maschine alles übernimmt und für alles aufkommt. Statt des Stempels des Menschen droht das technische Zeitalter den Stempel der Maschine als ihr Kennzeichen an der Stirne zu tragen.

3. Gemäß einem *zweiten Gesichtspunkt* wirkt in derselben Richtung, daß der Mensch in seiner eigenen zweiten Welt, die er in die erste Welt hineinbaut, es überwiegend mit Dingen und Vorgängen zu tun hat, die von ihm selbst hervorgebracht oder ausgelöst sind, zwar meist nicht unmittelbar, wohl aber mittelbar durch seine Maschinen. Damit treten in seinen Gesichtskreis vor allem und oft fast nur noch die Möglichkeiten ein, die sich technisch verwirklichen lassen, während die anderen Möglichkeiten, die darüber hinausgreifen oder dahinter liegen oder jener Zone vorausgehen, zunehmend in Vergessenheit geraten. Das vom Menschen durch seine Maschinen *Machbare* drängt sich so sehr in den Vordergrund, daß ihm allmählich alles machbar zu sein scheint und er für das Nicht-Machbare keine Antenne mehr hat. Dieser Einstellung entzieht sich das *Nicht-Machbare*, weshalb es entweder verschwindet oder in Machbares umgesetzt und damit verfälscht oder seines eigentlichen Lebens beraubt wird. In Folge davon schließt sich der Mensch fortschreitend in die von ihm selbst entworfene Um-Welt ein, verliert aber im selben Maße die *vorgegebene* Welt; er scheint die Welt in seine Verfügung zu bringen, kommt aber tatsächlich kaum über das Netz des Machbaren hinaus, das er ihr übergeworfen hat, ohne sie darin einfangen zu können.

Im Zusammenhang damit wird über dem immer vollkommeneren Beherrschen der technischen Seite der Technik ihre *menschliche Seite vernachlässigt;* über dem Hervorbringen vergißt man den Hervorbringenden oder über dem Werk den Menschen. Da nun das Werk dem innerweltlichen Bereich angehört und sich nur durch und in dem Menschen der Zugang zum Überweltlichen öffnet, entschwindet dieses weithin dem Blick unserer Zeitgenossen und löst sich für deren Empfinden in nichts auf, weshalb viele nicht mehr damit rechnen. Von Heidegger her läßt sich sagen: obwohl die Technik einiges Sein im Seienden entbirgt, so bleibt doch ihrem heutigen Vollzug der letzte tragende Grund alles Seienden, nämlich das Sein-selbst verborgen, wodurch sie doch einer weitverbreiteten *Seinsvergessenheit* verfällt, was aber nicht (um das noch einmal zu unterstreichen) ihrem Wesen, sondern einzig ihrer faktischen Gestalt zuzuschreiben ist[32]).

Wie sehr der Mensch heute über dem Machbaren das Vorgegebene aus den Augen verliert, suchen wir an *zwei Beispielen* weiter zu verdeutlichen. Erstens geht er um des Machbaren willen mit dem Vorgegebenen allzu rücksichtslos um, indem er es für seine Zwecke *ausbeutet.* Durch das Vordringen technischer Anlagen wird die Landschaft zerstört und breiten sich die Wüsten in erschreckendem Maße aus; um diesem Unheil Einhalt zu gebieten, mußte man eigene Stellen für Landschaftsschutz einrichten, deren Bemühungen aber oft wie ein Tropfen auf einen heißen Stein sind. Im Pflanzen- und Tierreich sind so und so viele Arten schon ausgerottet und weitere von Ausrottung bedroht, wodurch der Mensch Unwiederbringliches vernichtet und den Reichtum der Natur in bedenklicher Weise verringert. Schwere Schäden verursacht immer wieder eine ausbrechende Ölpest; auch die Sorgen, die der Atom-Müll bereitet, sind noch nicht wirksam behoben. Um des Machbaren willen gilt es das Vorgefundene mit aller gebotenen Vorsicht zu behandeln, weil sonst das Machbare selbst

[32]) *A. Auer,* Utopie, Technologie, Lebensqualität. Einsiedeln 1976.

gefährdet ist. Auf solche „Grenzen des Wachstums“ hat der „Club of Rome“ eindringlich hingewiesen; obwohl seine Ergebnisse vielfach angezweifelt wurden, enthalten sie doch eine unüberhörbare und ernstzunehmende Mahnung. — In anderer Hinsicht zeigt sich eine Überbewertung des Machbaren gegenüber dem Vorgegebenen in dem, was man von den *Computern* erwartet. Dabei geht es um die *Entscheidungen*, die besonders im sozialen, wirtschaftlichen und politischen Leben zu fällen sind. Sie unterscheiden sich wesentlich von Entschlüssen des technischen Bereiches, bei denen der Computer auf Grund der Daten, mit denen er programmiert worden ist, eindeutig feststellt, was zu tun ist, und dem Menschen meist keinen Spielraum mehr läßt; die Flüge auf den Mond gaben uns mehr als einmal Gelegenheit, das zu beobachten. Im Gegensatz dazu können die oben genannten Entscheidungen vom Computer zwar durch Ermitteln der mit den vorliegenden Daten gegebenen Möglichkeiten vorbereitet werden; doch ist er nicht imstande, dem Menschen, obwohl dieser das gern möchte, die Entscheidung *abzunehmen*. Diese hängt nämlich nicht allein von den wechselnden Daten ab, die der Bereich des Machbaren liefert, sondern auch und vor allem von den vorgefundenen und *bleibenden Grundstrukturen*, die allem Machbaren vorausliegen. Wenn ihm diese abhanden kommen, flüchtet der Mensch zum Computer, der ihm aber nicht durchgreifend helfen kann; denn die wahre Entscheidung verlangt die Rückkehr zu den bleibenden Grundsätzen, mit denen die wechselnden Daten durchleuchtet werden.

4. Damit hängt ein *dritter Gesichtspunkt* zusammen. In dem Maße, wie alles machbar erscheint, steigert sich der Mensch in ein *Schöpfertum* hinein, das wie ein Rausch sämtliche Grenzen auflöst und sich damit ins *Grenzenlose* zu erstrecken wähnt. Ihm kommt es so

vor, als sei alles vom Menschen machbar; bezüglich dessen, was heute noch nicht machbar ist, verfällt man der Illusion, es morgen oder wenigstens in der ferneren Zukunft machen zu können. Vom Machbaren fasziniert, verliert man das Viele aus den Augen, das sich dem Schaffen des Menschen entzieht. Weil dieses aber das Wesentliche und Grundlegende ist, tritt nicht nur eine mit Worten kaum faßbare Verarmung des Daseins ein, sondern man ist auch geneigt, seine Ziele zu setzen, ohne die vorgegebenen Strukturen hinreichend zu beachten. Und wenn man vielleicht noch die naheliegenden Strukturen berücksichtigt, so entgleiten doch die ferner liegenden, aber menschlich entscheidenden Strukturen dem Blick. In Folge davon greift das Schöpfertum des Menschen daneben und verstrickt sich oft in Unternehmen, die entweder zum Scheitern verurteilt sind oder mindestens einen nicht zu verantwortenden Schaden stiften, wobei die Nachteile bei weitem die Vorteile überwiegen.

Doch sind derartige Katastrophen nicht imstande, den Menschen von der allzu verbreiteten Einbildung zu befreien, er könne im Laufe der Zeit selbst für alles aufkommen, indem er die neueren Errungenschaften unermüdlich vorantreibe. Aus solch überspanntem und anmaßendem Schöpfertum wuchert die Verblendung, der *Schöpfer-Gott sei entbehrlich;* denn man habe ihn bisher lediglich als Lückenbüßer gebraucht, um nämlich im Geschehen die Lücken zu schließen, die er selbst wegen seines noch nicht genügend entwickelten Vermögens offenlassen mußte, oder um die Wirkungen zu erklären, die er selbst hervorzubringen noch nicht imstande war. Man geht sogar bewußt darauf aus, Gott überflüssig zu machen und baut daher die Leistungen des Menschen mit dem Ziele aus, daß Gott nichts mehr zu tun bleibt oder sich das Zurückgehen auf ihn erübrigt. Wer sich noch auf Gott beruft und sein erschaffendes Verursachen für notwendig hält, gilt dementsprechend als *rückständig* oder als in Vorstellungen vergangener Zeiten befangen oder als einer, der noch nicht begriffen hat oder wenigstens noch nicht damit ernst macht, daß dem Menschen ein Schöpfertum zukommt, das alles allein vermag. Das Ergebnis ist die wesentlich gottlose Technik, die ihrem Wesen nach nichts mehr mit Gott zu tun hat und folglich jede Religion ausschließt oder gänzlich mit ihr unvereinbar ist. Wie man leicht sieht, entspringt diese Deutung der Technik einzig dem übersteigerten Schöpfertum des Menschen, keineswegs jedoch deren innerster Eigenart.

5. Gemäß einem letzten Gesichtspunkt kommt der Mensch selbst in der ihm durch die heutige Entwicklung geschenkten und auf eine früher ungeahnte Weise vermehrten *Freizeit* vom Lebensstil der unbewältigten Technik nicht los. Gewiß fehlen jene nicht, denen es gelingt, die Freizeit zur wahren Muße zu erheben; sie stoßen durch das Seiende zum Sein durch, ruhen im Überweltlichen und treten in die Begegnung mit Gott ein. Hierher gehören das Wiederentdecken und Üben der Meditation, das Aufsuchen der Stille in der Natur und die Sehnsucht nach Gesprächen, die in die Tiefe gehen. Im Gegensatz dazu haben die meisten keine Ahnung von der wahren Muße, die ihnen zu mühsam ist und Unbehagen bereitet und vor der sie deshalb fliehen. In den Bann des Machbaren, des zerstreuenden Vielerlei und des betäubenden Lärmes geschlagen, gehen sie im Betreiben des Seienden unter und verlieren das Organ für die verborgene Stimme des Seins. Die echte innere Erfüllung, die sich nicht machen läßt, sondern als Gnade gewährt wird, wird ihnen nicht zuteil, weil sie von der Möglichkeit fortgerissen werden, die ihnen die Technik bietet, durch die Lande zu rasen und mittels der Überrieselung durch Bild und Ton das

Sich-Melden alles Tieferen zu ersticken. Daher bringt ihnen ihre Freizeit ebensowenig befruchtende Gespräche untereinander wie Zugänge zum Überweltlichen und erst recht nicht Begegnungen mit Gott. Infolgedessen schenkt ihnen die Freizeit nicht jene Frucht, die eigentlich in ihr angelegt ist, nämlich die wirksamen Gegenkräfte gegen die Gefahren der Technik; vielmehr führt das *sinnlose Vertun* der freien Zeit dazu, daß die Menschen, weiter geschwächt, jenen Gefahren widerstandslos erliegen.

V. Die künftige Gestalt des Daseins

1. Die vorstehend beschriebenen Gefahren gehören als *Gefahren* zum Wesen der Technik; doch verlangt dieses Wesen keineswegs, daß der Mensch ihnen erliege, wenn er ihnen auch erliegen kann, ja zu erliegen geneigt ist und angetrieben wird. Daß er ihnen tatsächlich nicht widerstanden hat und heute weithin *erlegen* ist, findet seine Erklärung in mannigfachen Gründen, die sich als das Kräftespiel der historischen Situation zusammenfassen lassen. Letztlich aber kommt dabei dem *Versagen des Menschen* die ausschlaggebende Rolle zu, insofern er auf den reifen Umgang mit dem ungeheuren Neuen, das in der Technik auf ihn zustürzt, nicht hinreichend vorbereitet war und bisher in dieser Beziehung kaum gewisse Anfänge entwickelt hat. Von dem unheimlichen Sog der Technik überwältigt, wurde er von ihr in einem erschreckenden Maße verschlungen und ihr angeglichen, wodurch eine verhängnisvolle Korrelation zwischen ihm und ihr entstand. Daher stellt er sich heute vorwiegend als das „animal technicum", als das technische oder *von der Technik geprägte Lebewesen* dar; es hat einen hervorragend entwickelten, schon bei den Kin-

dern durchbrechenden Sinn für alles Technische, während die Offenheit oder Empfänglichkeit für alle anderen Bereiche des Daseins mehr oder weniger zu verkümmern droht und schon verkümmert ist.

Frühere Zeiten sahen den Menschen als das „animal rationale", als das mit dem Geist oder dem Wort ausgestattete Lebewesen. Darin wurzelte nicht nur das „animal politicum", das auf gesellschaftliches Zusammenleben angelegte Lebewesen, sondern auch das „animal metaphysicum", das in der Welt die Welt überschreitende Lebewesen, und sogar das „animal religiosum", das auf Gott ausgerichtete und zuinnerst sich allein in Gott erfüllende Lebewesen. Gegenwärtig reduziert der Mensch sich selbst auf das *technische Lebewesen,* was eine entsprechende *Reduktion* des politischen, des metaphysischen, des religiösen und auch des geistbegabten Lebewesens zur Folge hat. Wir sprechen von „Reduktion"; denn die Vorherrschaft des Technischen beeinträchtigt die übrigen Bereiche oder läßt sie nicht in der ihnen eigenen vollen Mächtigkeit zur Entfaltung kommen, während der Primat des Geistes im Sinne der Theoria allen anderen Gebieten den Boden fruchtbaren Wachstums bereitet.

Die angedeutete Reduktion macht sich im gesellschaftlichen Leben darin bemerkbar, daß es allmählich sein menschliches Gepräge einbüßt und zu einem nur rechtlich geregelten und erzwungenen, ja *mechanischen Funktionieren* herabsinkt. Was das Metaphysische betrifft, so verliert der vom Machbaren beanspruchte Mensch das Organ für das Metaphysische, da es ja gerade das Nicht-Machbare ist; ohne Kontakt mit dem Innersten, Letzten und Ganzen lebt er nur mehr in den Außenschichten seiner selbst und damit im *Innerweltlichen* dahin. Als Folge davon fällt das Religiöse aus, das in der bloß technischen Welt keinen Platz mehr hat und das der dieser zugeordnete Mensch schließlich überhaupt nicht mehr versteht. Am Ende wird sein Hunger und Durst von dem vordergründigen Technischen so gestillt, daß er für das hintergründige *Religiöse kein Bedürfnis* mehr hat. Ähnliches wäre vom sittlichen Handeln und vom künstlerischen Schaffen zu sagen, deren durch die Technik bestimmte Umgestaltung ihnen ihren Tiefgang, ja ihr eigentliches Wesen raubt, zumal sie, wie wir zeigten, vom Religiösen und Metaphysischen nicht getrennt werden können. Vom Geist und Wort ist anzumerken, daß unter dem Einfluß der Technik ihr Reichtum verkümmert; vom Geist bleibt fast nur die mathematisch exakte und logisch formalisierte *Rationalität;* und das Wort wird von Wittgenstein wenigstens in seiner ersten Phase auf empirisch-naturwissenschaftliche Aussagen eingeschränkt, einen Standpunkt, dessen Unmöglichkeit er in seiner zweiten Phase eingesehen hat, ohne daß ihm darin alle seine Anhänger folgen[33]). Wenn aber das „animal" im Menschen nicht mehr im vollen Sinne der Theoria „rationale" ist, wird der *Wesensunterschied* zwischen der Technik des Menschen und dem Tun des Tieres verundeutlicht und sogar verflüchtigt, wozu manche Richtungen der Verhaltensforschung beitragen, indem sie das Tier dem Menschen annähern.

2. Im Gegensatz dazu wird das „animal rationale" von der klassischen Überlieferung im Sinne der oben entwickelten *Theoria* verstanden, wodurch jener umfassende Raum eröffnet wird, in dem alles Menschliche *unverkürzt* zu gedeihen vermag. Damit ist die wahre Weite und Tiefe des Geistes gegeben, der mit seinem Ausgriff das rational Faßbare überschreitet und zugleich gründet. Ebenso gewinnt das Wort seine ganze Fülle, von der das logisch Formalisierbare nur ein

[33]) Auf die in Anm. 6 genannte Abhandlung folgten die „Philosophischen Untersuchungen".

Ausschnitt ist. Zuinnerst erreicht der Geist das Letzte und Ganze, weshalb er zum Metaphysischen durchstößt und den Zugang zu Gott bahnt, was mit dem Aufblühen des Religiösen gleichbedeutend ist. Weil aber hierin die Kunst, die Sittlichkeit und die Gesellschaft wurzeln, gewinnen auch diese ihr ungeschmälertes Wesen. Ferner bringt der in der Theoria sich entfaltende Geist den Wesensunterschied des Menschen vom Tier unzweideutig zum Ausdruck; ein Verhalten entwickelt sich, hinter dem das Tier unüberschreitbar zurückbleibt. Schließlich ist es einzig von demselben Geist her möglich, die Technik zu verstehen und menschlich zu bewältigen.

Als *äußerste Pole* der abendländischen Entwicklung bieten sich das „animal rationale" der Frühzeit und das „animal technicum" der Gegenwart dar. Heute ist das „animal technicum" daran, das „animal rationale" zu *verschlingen* und damit all das auszumerzen oder technisch umzudeuten, was dieses über jenes hinaus eröffnet; das aber besagt die Zerstörung des Menschen und des eigentlich Menschlichen. Wer daher den Menschen und alles Menschliche wahrhaft zu retten und zu vollenden bestrebt ist, muß den entgegengesetzten Weg einschlagen, indem er das „animal technicum" zum „animal rationale" *erhebt,* also jenes in diesem verwurzelt. Auf diese Weise wird die Fülle des Menschlichen gewahrt und das Technische keineswegs verkürzt; vielmehr wird die Technik durch Einbetten in die anderen Bereiche des Menschlichen zu ihrer reifen Gestalt geläutert.

3. Die hierin sich ankündigende Aufgabe mit aller Entschiedenheit in Angriff zu nehmen, treibt uns die *Krise der technischen Kultur* an, von der schon eingangs die Rede war und die im Laufe unserer Darlegungen mit schärferen Umrissen hervorgetreten ist. Eine Art Mitt-Lebens-Krise der technischen Kultur

meldet sich, ja drängt sich uns auf[34]). Wie der einzelne Mensch bis zur Lebensmitte oft unbekümmert dahinstürmt, so ist auch das technische Zeitalter von Errungenschaft zu Errungenschaft vorangeschritten, *berauscht* von seinen Erfolgen, aber abgelenkt von den dabei mitspielenden und ständig zunehmenden Gefahrenmomenten. — Hieraus erwächst für den einzelnen Menschen in der Lebensmitte oft die große Krise, die alles in Frage stellt; sie läßt spüren, wie die bisherige Daseinsgründung nicht ausreicht und neue Fundamente vonnöten sind, um nicht zu scheitern. Ähnliche Erfahrungen macht der heutige Mensch mit der Welt des Technischen; mit dieser Welt, wenigstens wie sie bisher gelebt wurde, stimmt etwas nicht; *tiefes Unbehagen*, Entsetzen und Angst breiten sich aus. Eine Umkehr von Grund auf erweist sich als notwendig; sonst hört der Raubbau mit den Vorräten der Erde nicht auf, werden die Umweltbedingungen weiter zerstört und bereitet sich die endgültige Katastrophe vor; sonst wird das eigentlich Menschliche fortschreitend zugrunde gerichtet und bringt das Ausbleiben des Sinnes in all dem technischen Voranstürmen die Menschen zur Verzweiflung. — Die große Krise führt, falls sie fruchtbar durchgestanden wird, sowohl im Einzelleben als auch in der technischen Kultur zu der Neubesinnung und dem Neuanfang, aus denen die Reife erwächst. Heute macht sich bei den wachen Geistern tatsächlich eine *Tendenzwende*, die nicht lediglich ein Schlagwort ist, bemerkbar. Eine Umwertung aller Werte bahnt sich an und hat sogar schon eingesetzt; das bisher Wichtige, nämlich der technische Fortschritt, verliert an Wert, während das bisher Unwichtige, nämlich das Menschliche, an Wert gewinnt.

[34]) *H. Schreiber*, Die Krise in der Mitte des Lebens. München 1977.

Man bewegt sich von der Selbstentfremdung zur Selbstfindung, von der Umklammerung des Menschen durch die Technik zur Befreiung alles dessen, was er in Wahrheit ist. Daß dabei das religiöse Sehnen oder der Aufbruch zur Religion eine entscheidende Rolle spielt, ist für unser Thema ungemein bedeutsam.

4. Der Weg, der uns durch die Krise vorgezeichnet ist, weist keineswegs in die Vergangenheit zurück, sondern *in die Zukunft* voraus. Es kann nicht um die Rückkehr zu einer ehedem gelebten Gestalt unseres Daseins gehen; vielmehr kommt alles auf die Hinkehr zu jener Gestalt unseres Daseins an, die am Kommen ist, die wir schöpferisch zu finden und tatkräftig zu entwickeln haben. Der Vorgang der *Differenzierung* nämlich, vermöge dessen sich Theoria, Praxis und Poiesis sowie innerhalb dieser deren Bereiche voneinander abgesetzt und in eigenständiger Entwicklung entfaltet haben, läßt sich nicht rückgängig machen. Auch ist ein solches Auslöschen des Gewordenen in keiner Hinsicht wünschenswert, weil sich im Gewordenen der Reichtum des Lebens auslegt und verwirklicht, der uns als Gabe geschenkt wird und auf den wir nicht verzichten sollen. Freilich ist das organische *Auseinandertreten,* in dem stets eine letzte Einheit waltet, von dem verbindungslosen *Auseinanderfallen* zu unterscheiden, in dem die Einheit verlorengegangen ist. Während im Auseinandertreten das volle Sich-ausprägen der einzelnen Glieder stattfindet, bringt das Auseinanderfallen zwar manchmal zunächst ein übermäßiges Wachsen der einzelnen Glieder, zuletzt aber deren Gefährdung und sogar Zerstörung gerade wegen jenes Übermaßes mit sich. Weil nun das Auseinandertreten mit der oben erwähnten Differenzierung gleichbedeutend ist, wird es in der kommenden Daseinsgestalt erhalten bleiben. Das Auseinanderfallen hingegen gilt es zu überwinden, und die neue Gestalt

wird gerade durch dieses Überwinden gekennzeichnet sein.

Danach heben sich *drei* für unser Thema entscheidende *Daseinsgestalten* voneinander ab. Die *erste* geht der Differenzierung voraus; in ihr sind die Bereiche oder wenigstens einige von ihnen noch nicht auseinandergetreten, ist etwa die Technik noch nicht vom Handwerk abgesetzt. Für die *zweite* Gestalt ist die Differenzierung der Bereiche charakteristisch; daß sie im Falle der Technik bis ins Auseinanderfallen abgeglitten ist, macht die Not aus, in der wir uns gegenwärtig befinden. Die *dritte* Gestalt vollzieht das *Überwinden des Auseinanderfallens unter Wahren des Auseinandertretens*, wobei jenes Überwinden in den Bereichen selbst angelegt ist; denn wie sie kraft ihrer Eigenart in das Auseinandertreten drängen, so drängen sie kraft derselben Eigenart zum Überwinden des Auseinanderfallens hin, weil sie zuinnerst eine Einheit bilden oder in dem einen menschlichen Wirken als dessen Teilentfaltungen zusammengehören[35]). Im folgenden bemühen wir uns um das eben beschriebene Überwinden oder um das *Rückbinden* der Bereiche, namentlich der Technik, die aus dem Ganzen herausgewuchert sind, in eben dieses Ganze. Die hier gemeinte Rückbindung (religio im weitesten Sinne) erreicht heute bereits einige Anfänge, ist aber vor allem die brennende Aufgabe der Zukunft.

5. Unser *Ansatzpunkt* ist naturgemäß die gegenwärtig vorherrschende Verfassung des Zeitalters. Dafür kennzeichnend ist die alles durchprägende Kraft der Poiesis im Sinne der technischen Machbarkeit; ihr eigen ist die Tendenz nach außen und unten, weshalb ihr Überwinden die Rückkehr zum Innen und Oben verlangt. Dazu ist zunächst das *Brechen der Despotie*

[35]) Die drei hier beschriebenen Phasen ähneln den drei Stufen, die von der dialektischen Bewegung bei Hegel durchlaufen werden.

erforderlich, mit der die Technik allmählich alle anderen Gebiete des Menschlichen sich unterwirft und angleicht und schließlich verschlingt. Diese Aufgabe ist von ihren beiden Polen her zu bearbeiten, nämlich einerseits von der Technik und andererseits von den übrigen Gebieten her.

Was die *Technik* betrifft, so ist ihr verborgener Absolutheitsanspruch als unhaltbare Illusion zu entlarven, indem sie *relativiert* wird. Das Begreifen ihres Wesens zeigt ein Zweifaches; erstens hat sie den ihrem Gebiet zugeordneten Anspruch zu erheben; zweitens bezieht sich dieser allein auf ihr Gebiet, wodurch er sich als relativ erweist. Damit werden die übrigen Gebiete des menschlichen Wirkens sichtbar, in deren Anspruch derjenige der Technik miteinbezogen wird; das besagt, daß er die Stelle innerhalb des menschlichen Gesamtwirkens erhält, die seiner Eigenart gemäß ist und ihm gerade den obersten Rang in der Stufenfolge der Ansprüche verweigert. Solches Relativieren macht zugleich den Blick dafür frei, daß in der Technik mehr als das bloß Technische am Werke ist; sie erweist sich als eine bestimmte Ausgliederung des *Menschlichen,* das sich in ihr behaupten und *durchsetzen* will. Hierdurch wird ihr das Maß gesetzt, das ihre Fülle nicht ausschließt, sondern gewährleistet und zugleich ihre wohltätige Wirkung sichert.

Was die *übrigen Gebiete* des menschlichen Wirkens betrifft, so liegt ein fruchtbarer Anstoß für die weitere Entwicklung in dem Zustand, den sie vielfach innerhalb der technischen Kultur aufweisen. Darin macht sich nämlich ein *Widerspruch* bemerkbar zwischen der Art, wie sie sich heute tatsächlich darstellen, und der Eigen-art, die ihnen zuinnerst zukommt, und dem Anspruch, der daraus erwächst. Nach unseren obigen Andeutungen werden nämlich die anderen Bereiche unter der Vorherrschaft der Technik verkürzt, also der vollen Auswirkung ihrer Eigenart beraubt und damit ihrem eigentlichen Wesen entfremdet. Da dieses jedoch nicht ausgelöscht wird, widerstreitet es ständig der Verkürzung und setzt sich auf die Dauer gegen sie durch. Das aber kommt dem Ausbrechen aus der Despotie der Technik gleich; dadurch treten die übrigen Gebiete in die ihrem Wesen gemäße *eigenständige Entfaltung* ein; zugleich wird die Technik entmachtet, in den ihr eigenen Raum verwiesen und so zu sich selbst oder zu ihrem eigentlichen Wesen befreit.

Je mehr das geschieht, desto stärker wächst den übrigen Bereichen die *Kraft* zu, die ins Maßlose ausschweifende Technik zu bändigen und sie an die ihr zukommende Stelle im Ganzen des menschlichen Wirkens zu verweisen. Auf diesem Wege wird es allmählich gelingen, die Technik mit dem zu *durchformen*, was in den übrigen Bereichen lebt, ohne jene zu verkürzen oder gar auszuschalten. Umgekehrt wird dann auch die Technik die anderen Bereiche durchformen, ohne diese zu vergewaltigen und ihrem innersten Wesen zu entfremden. Das Ergebnis wird das *organische Ganze des menschlichen Wirkens* sein, in dem seine sämtlichen Bereiche die ihnen je entsprechende Entfaltung erfahren, indem sie zugleich sich gegenseitig ergänz-en und vollenden. Erst im Ganzen ist jeder Bereich wahrhaft er selbst. Auf die äußersten Extreme geschaut, heißt das: wie sich *die Technik* erst *in der Religion* vollendet, so vollendet sich nach den Erfordernissen unserer heutigen Situation die *Religion* erst *in der Technik.*

Versuchen wir nunmehr die künftige Gestalt des Daseins in einigen genaueren Umrissen zu verdeutlichen. Dazu besinnen wir uns auf die Eigenart der Technik, insofern sie es mit nächsten und partikulären Zielen zu tun hat, das letzte Gesamtziel hingegen und damit das Letzte und Ganze in ihr nicht ausdrücklich hervortritt. Um den Gefahren, die in dieser Struktur liegen, zu entgehen, sind die partikulären Ziele dem letzten Gesamtziel einzuordnen und darauf hinzuordnen. Anders ausgedrückt, gilt es, *in der technischen Kultur die gesamtmenschliche Vollendung* und dadurch das wahrhaft menschliche Gepräge zum Durchbruch zu bringen. Das aber setzt das Teilnehmen der Technik an den übrigen Bereichen des menschlichen Wirkens voraus, in denen die letzte Gesamtvollendung deutlicher aufleuchtet und sich entschiedener durchsetzt. Solches Teilnehmen ist für die Technik nicht etwas ihr Äußerliches und Fremdes, sondern entspricht ihrem innersten Wesen, weil sie von ihrer Wurzel her mit jenen Bereichen eins ist und immer schon in einem Austausch mit ihnen lebt, der zwar verkümmern, nie aber gänzlich absterben kann.

Siebter Teil: Die Rückbindung der Technik in das menschliche Ganze

I. Rückbindung in das Ganze der Poiesis: Handwerk

1. Zunächst kommt es darauf an, die Technik in das Ganze der Poiesis einzufügen, wobei ihr das Handwerk am nächsten steht. Beide bringen als ihr Werk nützliche Dinge hervor, jedoch mit dem Unterschied, daß das Handwerk mit dem Werkzeug, die Technik aber mit der Maschine arbeitet, wie wir oben eingehend dargelegt haben. Das Werkzeug wird vom Menschen bewegt und bleibt deshalb dessen bestimmendem Einfluß unterworfen, während die Maschine sich selbst bewegt und deshalb dem *bestimmenden Einfluß des Menschen* entgleitet und sogar selbst bestimmenden Einfluß auf ihn gewinnt. Solange nun der bestimmende Einfluß vom Menschen ausgeht, ist darin das menschliche Gepräge am Werke und damit die Ausrichtung auf die menschliche Gesamtvollendung wirksam, obwohl zuzugeben ist, daß diese Zusammenhänge schon beim Handwerk verdunkelt und unwirksam werden können. Diese *Fehlentwicklung* liegt erst recht bei der Technik nahe, wo mit dem bestimmenden Einfluß des Menschen das menschliche Gepräge sowie die Ausrichtung auf die Gesamtvollendung zurücktreten und schließlich verschwinden, was dem oben erwähnten Auseinanderfallen gleichkommt.

Angesichts solcher möglichen Fehlentwicklungen ist über der Selbsttätigkeit der Maschinen deren Bewegtwerden durch den Menschen nicht zu vergessen und folglich die Verwandtschaft der Technik mit dem Handwerk zusammen mit ihrer Verschiedenheit zu bedenken. In der Tat tritt die Maschine ganz und gar als das *Werk des Menschen* auf, von ihm ersonnen, geplant und gebaut als etwas Neues, das ohne ihn nicht wäre, wenn er auch vorgegebene Stoffe und Kräfte dazu verwendet sowie deren Gesetze sich zunutze macht. Außerdem ist die Maschine restlos in der *Verfügung des Menschen*, insofern es von ihm abhängt, ob er sie stillestehen oder arbeiten läßt, ob er sie bei an ihr auftretenden Schäden repariert und weiter einsetzt oder als unbrauchbar wegwirft und verschrottet. Selbst bei den Rechenautomaten mit ihrer fast ins Unheimliche gesteigerten Selbsttätigkeit kommt alles auf den *Lochstreifen* an, den der Mensch ihnen eingibt, ohne den sie nichts machen und von dem sie trotz der Schwingungsbreite ihrer Kombinationen nicht abweichen können. Nach allem wird auch die Maschine trotz und in ihrer Selbsttätigkeit letztlich vom Menschen bewegt und ist sein bestimmender Einfluß auf sie weder zu verkennen noch zu entbehren; ihre scheinbare Autonomie ist tatsächlich und notwendig eine *Heteronomie*. Daher ist es möglich, daß sich das menschliche Gepräge auch beim Verwenden von Maschinen durchsetzt ähnlich wie beim Gebrauch des Werkzeugs und die Ausrichtung auf die gesamtmenschliche Vollendung wirksam wird.

Freilich ist der *Unterschied* zwischen dem Werkzeug und der Maschine nicht zu übersehen, der mit der Selbsttätigkeit gegeben ist, die der letzteren zukommt, dem ersteren aber abgeht. Auf den ersten Blick kann deshalb die Maschine trotz des eben Gesagten sich sozusagen selbständig machen und dem Menschen entgleiten, was beim Werkzeug nicht der Fall zu sein scheint. Doch entgleitet nach dem früher Dargelegten auch das Werkzeug dem Menschen, wenn es ihn etwa durch Gewinnstreben und durch Ehrsucht zur Maßlosigkeit verführt, wobei allerdings die Unreife und das Versagen des Menschen die entscheidende Rolle spielen. Daraus läßt sich etwas auch für den Umgang mit der Maschine lernen; sie gleitet nur insoweit aus dem Einfluß des Menschen heraus, als er ihr nicht gewachsen ist, als er folglich nicht die *Reife* und die *Kraft* in sich entwickelt, die erforderlich sind, um ihrer Herr zu werden. Selbstverständlich ist die Maschine wegen ihrer relativen Selbständigkeit und der gewaltigen Kräfte, die in ihr am Werke sind, schwerer als das Werkzeug zu bändigen. Das ist aber kein Grund, die Hände in den Schoß zu legen; vielmehr treibt diese Situation den Menschen an, um die nötige Reife und die entsprechende Kraft zu ringen. Damit führt die richtig verstandene Technik keineswegs zur Verkümmerung des Menschentums, sondern zu dessen *großartiger Entfaltung* in ganz neue Dimensionen hinein. Wenn der Mensch in die so verlangte Vollendung seiner selbst hineinwächst, ist er ohne weiteres imstande, der technischen Kultur ein menschliches Gepräge zu verleihen und sie auf die gesamtmenschliche Vollendung auszurichten.

2. Gegen diese hoffnungsfrohe Perspektive meldet sich ein schweres Bedenken. Wir beobachten nämlich *Zwangsläufigkeiten,* vor denen der Mensch oft ratlos steht. Sobald ein Unternehmen durch seine Ausstattung mit Maschinen eine gewisse Leistungsfähigkeit oder Kapazität erreicht hat, ist es zu einem ihr angemessenen Herstellen von Waren oder zu einer die vorhandenen Anlagen ausnutzenden Produktion gezwungen, damit die Maschinen ausgelastet sind und nicht durch ihr Stillestehen das in ihnen investierte Kapital aufzehren und so den Betrieb auf die Dauer zugrunde richten. Ähnliches gilt von den Arbeitern und Angestellten, deren Zahl im Verhältnis zu den gegebenen Einrichtungen steht und die in dem Maße beschäftigt werden müssen, daß sie ihre Löhne und Gehälter einbringen und ihre Arbeitsplätze erhalten bleiben.

Darin droht die Gefahr, daß dem Menschen das Gesetz des Handels entrissen wird, besonders wenn der Druck der Konkurrenz, maßloses Gewinnstreben und ungezügelter Ehrgeiz dazukommen. Hieraus wuchert die *Produktion um jeden Preis,* die fast nur auf den möglichst großen Umsatz schaut und deshalb auch Überflüssiges und Nutzloses hervorbringt, das dann durch eine oft unehrliche und vergewaltigende Werbung den Abnehmern aufgeredet wird.

Obwohl die aufgezeigten Zwangsläufigkeiten ernst zu nehmen und nicht leicht zu bewältigen sind, so ist ihnen der Mensch doch *nicht ohnmächtig* ausgeliefert. Daher sind sie nicht als eine unabänderliche Gegebenheit hinzunehmen, sondern durch Verändern der Verhältnisse zu beheben. Was dabei im einzelnen zu tun ist, kann hier nicht ausführlich erörtert werden, weil das unsere Zuständigkeit und den Rahmen unserer Darlegungen überschreitet; nur drei Bemerkungen seien gestattet. Erstens zeigt das oben umschriebene Wesen der Technik, daß solche Schwierigkeiten keineswegs aus ihrer wahren Eigenart entstehen; folglich handelt es sich um *Fehlentwicklungen,* die etwa auf mangelnde Einsicht oder voreilige Planung zurückzuführen sind; demnach vermag eine bessere Einsicht und eine überlegtere Planung die nötigen Veränderungen in die Wege zu leiten. Zweitens lehrt die Erfahrung, daß sich in jenen Schwierigkeiten ungeläuterte Leidenschaften wie grenzenloses Gewinnstreben und übersteigerter Ehrgeiz auswirken, wodurch man sich auch von dem Druck der Konkurrenz allzu ungehemmt fortreißen läßt. Erforderlich ist also die *Läuterung* des Menschenherzens, die aus Irrgängen zurückholen und vor neuen Irrgängen bewahren wird. Drittens gilt es die Grundeinstellung zu den Errungenschaften der Technik und überhaupt zu den Gütern dieser Erde zu überprüfen, die dem menschenwürdigen Dasein aller zu dienen haben, nicht aber in den Händen einiger weniger aufzuhäufen sind. Wie man leicht sieht, haben verkehrte *ideologische Haltungen* zu den vorhandenen Schwierigkeiten beigetragen, weshalb eine zum grundsätzlichen Umdenken führende Neubesinnung ein Gebot der Stunde ist. — Die uns oft unüberwindlich scheinenden Zwangsläufigkeiten nehmen dem Menschen seine Verantwortung nicht ab, sondern weisen ihn mit äußerster Eindringlichkeit auf die vorhin besprochene *reife Entfaltung* seines Menschentums hin, die allein ihm das Meistern der Schwierigkeiten ermöglicht.

II: Rückbindung in das Ganze der Poiesis: Kunst

1. Innerhalb der Poiesis werden wir von der Technik durch das Handwerk zur Kunst hingeleitet. Auch sie bringt Werke hervor, die sich jedoch durch die Schönheit auszeichnen im Gegensatz zu dem Nützlichen, das dem Machen der Technik und des Handwerks entstammt. Während es nun beim Nützlichen nur um nächste und partikuläre Ziele geht, waltet in den Kunstwerken wesentlich *Transparenz,* insofern im partikulären Werk das Letzte und Ganze an-west und damit das letzte Gesamtziel aufleuchtet. So kommt im Kunstwerk voller als im Handwerk das Menschliche zum Vorschein, indem aus seinem Innerweltlichen sein Überweltliches oder aus seinem Physischen sein Metaphysisches hervortritt; die gesamtmenschliche Vollendung bricht durch. Der Transparenz des Kunstwerkes nähert sich das Handwerk in seinen höchsten Aufgipfelungen, die es oft in das Kunstwerk übergehen lassen. Jedenfalls steht das Handwerk nicht als etwas völlig Andersartiges dem Kunstwerk gegenüber; vielmehr ist dieses in jenem angelegt, weshalb auch jenes immer wieder zu diesem fortschreitet. *Handwerk und*

Kunstwerk gehören im Ganzen der Poiesis zusammen, durchdringen sich in diesem Ganzen und ergänzen sich zu diesem Ganzen.

Ähnliches ist von der *Technik* zu sagen. Wie das Handwerk nimmt sie an der Transparenz des Kunstwerks teil. Obwohl ihre Werke zunächst auf Zweckmäßigkeit abzielen und eine dieser widerstreitende Schönheit mit der Technik unvereinbar ist, so zeigen doch zahlreiche Beispiele technischer Werke, wie die Zweckmäßigkeit keineswegs die *Schönheit* ausschließt, sondern mit ihr vermöge innerer Bezogenheit zusammengeht, ja die erstere durch die letztere nicht verringert, sondern gesteigert wird. Weisen wir zur Veranschaulichung auf eine Brücke hin, die sich in edlem Schwung über ein Tal spannt und sich so in die Landschaft einfügt, daß sie diese erhöht, statt sie zu erniedrigen oder gar zu zerstören. Hierher gehört auch die einem Vogel gleichende, schnittige Gestaltung eines Flugzeugs, dessen Zweckmäßigkeit in seiner Schönheit und dessen Schönheit in seiner Zweckmäßigkeit leuchtet. Im Gegensatz dazu fallen Werke der Technik, denen jede Schönheit abgeht, oft auch aus der Zweckmäßigkeit heraus; umgekehrt fallen Werke, deren (scheinbare) Schönheit mehr oder weniger der Zweckmäßigkeit widerstreitet, aus der wahren Schönheit heraus.

2. Nach allem tritt das Werk der Technik nicht als etwas völlig Andersartiges dem Kunstwerk gegenüber; vielmehr ist in jenem dieses vorgezeichnet und wächst daher oft auch jenes in dieses hinein. Allerdings ist dabei, sobald es sich um Schönheit im Sinne von Transparenz und nicht lediglich von äußeren harmonischen Formen handelt, der *bestimmende Einfluß des Menschen* unerläßlich, weil er allein des Ausgriffs ins Metaphysische, der die Transparenz ermöglicht, fähig ist. Indem aber dieser Einfluß wesentlich dazugehört,

wird in der Technik ihre Verwandtschaft mit dem Handwerk akzentuiert, wodurch dieses als das *Vermittelnde* zwischen der Technik und der Kunst zum Vorschein kommt. Fügen wir verdeutlichend bei: das Handwerk kommt mit der Technik im Herstellen nützlicher Dinge überein und es reicht durch den darin wirkenden Einfluß des Menschen in die Kunst hinein, insofern dieser im Schaffen der Transparenz seine höchste Erfüllung findet. Damit wird schließlich das *Ganze der Poiesis* in seiner vollen Ausgliederung sichtbar; es bildet eine *Drei-Einheit.* Die Einheit der Poiesis legt sich in der Dreiheit von Kunst, Handwerk und Technik aus und ist erst in ihr ganz sie selbst; umgekehrt verharrt die Dreiheit von Kunst, Handwerk und Technik in der Einheit der Poiesis und erreicht so allein ihre volle Tiefe und Kraft oder die der jeweiligen Eigenart ihrer Glieder gemäße Entfaltung.

Anders gewendet, ist das Thema der Poiesis die Begegnung des Menschen mit der Welt der Dinge, wobei er sich vom Innen der Kunst durch die Mitte des Handwerks bis in das Außen der Technik *veräußerlicht* und sich zugleich vom Außen der Technik durch die Mitte des Handwerks bis zum Innen der Kunst *verinnerlicht.* In sämtlichen Stufen ist der *ganze Mensch* an-wesend und am Werke; die Stufen unterscheiden sich nur dadurch, daß jeweils eine bestimmte Seite seiner selbst *akzentuiert* wird. Dementsprechend ist in jeder der Stufen auch die *ganze Poiesis* anwesend und am Werke, wobei der Unterschied wiederum nur darin besteht, daß jeweils eine ihrer Seiten *akzentuiert* wird. Infolgedessen durchdringen die Stufen einander so, daß in jeder alle an-wesend und am Werke sind, indem eine jeweils beherrschend hervortritt, die anderen aber bald mehr bald weniger mitschwingen.

3. Von hier aus lassen sich die möglichen *Fehlentwicklungen* verstehen und die Wege zu deren Überwindung aufzeigen. Die Einheit der Poiesis drängt in die Dreiheit ihrer Vollzüge hinein, wobei diese sich in ihrer jeweiligen Eigen-art entschieden ausprägen. Im Zuge dieser berechtigten und notwendigen Ausgliederung kann es geschehen und geschieht es immer wieder, daß sich ein Bereich, in unserem Zusammenhang die Technik, bis ins äußerste Extrem ausbildet und so *das Ganze der Poiesis verdunkelt* und sogar unwirksam macht. Dadurch setzt sich die Eigengesetzlichkeit des betreffenden Gebietes so einseitig durch, daß es sich gegen die anderen Gebiete und das Ganze der Poiesis verschließt und mit ihnen nicht mehr zu vereinen ist, was nicht nur das betreffende Gebiet, also die Technik, sondern auch das Ganze der Poiesis und des Menschen schädigt und schließlich zugrunde richtet. — Das Überwinden solcher Fehlentwicklungen setzt bei der Besinnung auf das Ganze an, das den drei Bereichen zugrunde liegt und innewohnt, das daher auch in der einseitig übersteigerten Technik zu finden ist. Alles kommt darauf an, *das Ganze im Teilgebiet* zu entdecken und so zu ermächtigen, daß es sich darin, etwa in der Technik, durchsetzt, seine prägende Kraft ausübt und damit die Teilbereiche im Ganzen zusammenfügt. Im Retten des Ganzen werden auch die Teilbereiche gerettet; und deren Retten ist einzig als Wiedererwecken des Ganzen möglich.

Im Hinblick auf den Marxismus läßt sich die Auseinandersetzung des Menschen mit den Weltdingen, die wir unter dem Titel der Poiesis betrachtet haben, auch als *Arbeit* im weiten Sinne kennzeichnen, insofern nicht nur das Machen von Technik und Handwerk, sondern auch das Schaffen des Künstlers als Arbeit zu bezeichnen ist. Das Hauptanliegen des Marxismus zielt dabei darauf hin, die Arbeit aus ihrer Unmenschlichkeit zurückzuholen und in ihr das wahrhaft *menschliche Gepräge* zum Durchbruch zu bringen. Nun entsteht die Unmenschlichkeit aus dem Abspalten des Handwerks und vor allem der Technik vom Ganzen der Poiesis und damit des Menschen. Dementsprechend kann das menschliche Gepräge der Arbeit allein dadurch wiederhergestellt werden, daß die Abspaltung namentlich bezüglich der Technik überwunden und die *Rückkehr zum Ganzen* der Poiesis vollzogen wird. Dadurch gewinnt dieses die ihm zukommende prägende Kraft gegenüber den Teilbereichen, die vom Ganzen durchformt und so menschlich gestaltet werden, in denen sich die menschliche Gesamtvollendung durchsetzt.

III. Rückbindung in die Praxis

1. Eingefügt in das Ganze der Poiesis, erhebt sich die Technik bereits über die ihr eigenen Gefahren. Wie jedoch gerade die Auseinandersetzung mit dem Marxismus lehrt, ist damit die Rettung des Menschlichen noch keineswegs zum Abschluß gekommen; denn das Ganze der Poiesis wird vom *Ganzen des Menschen* überschritten, was das Einbetten der Poiesis in den Zusammenhang mit der Praxis und der Theoria zeigt. Genauer gesagt, läßt zwar die Kunst schon in den vorläufigen Teilzielen das in ihnen verborgene letzte Gesamtziel und damit die menschliche Gesamtvollendung aufleuchten oder in die Transparenz treten. Doch kommt sie nach unseren früheren Darlegungen über die *er-lebte* Vollendung nicht hinaus, während die *gelebte* oder im Leben verwirklichte (nicht lediglich im Schauen-Gefallen vernommene) Vollendung noch ausbleibt. Wegen der ihr eigenen Unverbindlichkeit und letzten Distanz vom Er-lebten erreicht die lediglich er-

lebte Vollendung des Menschlichen nicht dessen volle prägende Kraft, vermag es daher namentlich die unbändige Technik nicht voll zu bändigen. Andererseits erfahren wir die er-lebte Vollendung als einen *Übergang*, bei dem man nicht stehenbleiben kann; vielmehr drängt sie über sich selbst hinaus und in die ge-lebte Vollendung hinein. In der er-lebten Vollendung ist die ge-lebte vorgezeichnet, weshalb es eine Verirrung ist, sich im Genießen der er-lebten Vollendung zu beruhigen; solches Ästhetentum hält der Härte des Lebens und zumal der Technik nicht stand.

2. Nun wird die menschliche Gesamtvollendung von der Praxis im Sinne der Sittlichkeit ge-lebt und damit in den vorläufigen Teilzielen das Anstreben des letzten Gesamtzieles verwirklicht. Demnach ist die Poiesis als Ganzes in die *Praxis hineinzunehmen* oder vielmehr immer schon nach ihrer innersten Wurzel hineingenommen, wodurch sie erst ganz zu sich selbst oder zu ihrem vollen Wesen kommt oder sich ganz zeigt, was sie zuinnerst ist. Einerseits behält selbstverständlich die Poiesis ihre in drei Stufen sich differenzierende Eigengesetzlichkeit, weshalb sie durch die Praxis nicht von dem, was sie ist, abgedrängt oder darin verkürzt wird. Andererseits jedoch erweist sich ihre eigene Gesetzlichkeit als eine noch bedingte, die aus sich selbst durch die *unbedingte Verbindlichkeit* des Sittlichen überformt zu werden verlangt und so in ihrem Eigencharakter gerade nicht verfälscht, sondern erst recht vollendet wird.

Die Eigengesetzlichkeit der Poiesis ist in ihren sämtlichen Bereichen lediglich *bedingt*, weil sie allein endlich-innerweltliche Werke betrifft, die mit vorläufigen Teilzielen gleichbedeutend sind. Hingegen ist die Verbindlichkeit des Sittlichen *unbedingt*, weil sie die menschliche Gesamtvollendung und damit das letzte Gesamtziel betrifft, das im Überweltlichen beheimatet ist und sich auf den unendlichen Gott richtet[36]). Mit diesem Unterschied ist gegeben, daß die Poiesis zwar ihre nächsten Ziele, nämlich ihre Werke, *verwirklicht,* die gesamtmenschliche Vollendung aber selbst auf ihrer höchsten Stufe, der Kunst, nur als *er-lebte* umfaßt, während die Praxis mit derselben Vollendung wesentlich als der ge-lebten zu tun hat.

Hier treten Strukturzusammenhänge zutage, die von vornherein und wesentlich in der Eigenart von Poiesis und Praxis enthalten und nicht erst nachträglich hinzugefügt sind. Dementsprechend ist die Teilvollendung (Poiesis) zuinnerst der Gesamtvollendung (Praxis) ein- und auf sie *hingeordnet;* jene hat vermöge ihres ureigenen Wesens stets dieser zu dienen und stellt sich gegen ihr Wesen, sobald sie aus dieser ausbricht oder ihr widerstreitet. Die hier angedeuteten Strukturzusammenhänge sind dem Menschen eingezeichnet und machen die Menschlichkeit des Menschlichen aus, weshalb das wahrhaft *menschliche Gepräge* der Poiesis und namentlich der Technik verlangt, daß unser Handeln ihnen sich angleicht oder entspricht und so in der Poiesis die Praxis sich durchsetzt oder zur Geltung kommt. Wie jeder Stufe der Poiesis ihr Ganzes innewohnt, so trägt die Poiesis als Ganzes wesentlich die Praxis in sich, wodurch erst der ganze Mensch wirksam wird, der in der Poiesis allein noch nicht voll erreicht wird. Poiesis und Praxis sind *Teilaspekte* des einen menschlichen Wirkens, die allein in dessen Einheit ganz sie selbst sind; das gilt auch von der Praxis, die erst in der Poiesis ganz sie selbst ist und ihre Kraft und Echtheit gerade im Durchdringen und Meistern der Poiesis bis in die Technik hinein zu bewähren hat. Soweit daher Poiesis und Praxis aus jener Einheit herausfallen, verkümmern sie und geraten auf Ab-

[36]) „Das religiöse Gebot früherer Zeiten wird zur historischen Lebensnotwendigkeit" (Blin, S. 290; vgl. Fußnote 28).

wege, was für die Poiesis und namentlich für die Technik Maßlosigkeit, für die Praxis aber unfruchtbaren Leerlauf bedeutet.

3. Nennen wir einige Züge, die in der Praxis im Hinblick auf die Poiesis und vor allem auf die Technik entscheidend sind. Wir sprechen zunächst von der unvergleichlichen Kostbarkeit und der unantastbaren *Würde des Menschen* als Person, vermöge der er niemals irgendeinem Zweck als bloßes Mittel untergeordnet werden darf; er ist stets in erster Linie *um seiner selbst willen* und dann erst auch um eines andern, sei es eine Person oder eine Sache, willen da. Das ist damit gegeben, daß er über alle vorläufigen, innerweltlichen Teilziele hinaus auf das letzte, überweltliche Gesamtziel hingeordnet und damit als Reservat Gottes sämtlichen Teilzielen überlegen ist. Das ist im technischen Zeitalter bis in alle Folgerungen hinein zu beachten; die Maschine ist um des Menschen willen, nicht der Mensch um der Maschine willen da; das Gleiche ist etwa von der Produktion oder vom Fortschritt oder vom Gewinn zu sagen. Diesen Aussagen wird kaum jemand seine Zustimmung verweigern; im technischen Betrieb aber, wie er tatsächlich abgelaufen ist und vielfach immer noch abläuft, werden sie nicht selten *verflüchtigt* und sogar durch die konkreten Verhältnisse Lügen gestraft. Von dem oben beschriebenen Sog erfaßt und fortgetrieben, vermögen die Menschen immer wieder, oft trotz guten Willens, jenen Grundsätzen nicht die volle Geltung zu verschaffen, die ihnen gebührt. Dieser Mangel läßt sich allein dadurch ausgleichen, daß der Mensch sein Menschentum und insbesondere seine sittliche Kraft zu der *Reife bringt*, die dem bis zu Zwangsläufigkeiten sich steigernden Andrang der Technik gewachsen ist. Dazu helfen ihm Katastrophen, die zeigen, wie eine ins Maßlose ausufernde und die sittliche Kraft aufzehrende Technik

in den Untergang führt. Solches Aufzehren entspringt aber immer nur Fehlentwicklungen der Technik, während deren wahres Wesen im Gegenteil zu möglichster sittlicher Vollendung antreibt.

Was an der Würde des Menschen erläutert wurde, können wir an seiner *Freiheit* weiter verdeutlichen. Sie gründet ebenso wie die Würde im Wesen des Menschen, insofern er als Person allen innerweltlichen Zielen überlegen und auf das eine überweltliche Ziel hingeordnet ist. Frei-sein besagt aus seiner eigenen Entscheidung leben und folglich selbst den Gang der Dinge bestimmen oder das Gesetz des Handelns in der Hand haben. Im Gegensatz dazu ist *Unfreiheit* gegeben, sobald über den Menschen von anderswoher entschieden wird, er durch den Gang der Dinge bestimmt und ihm das Gesetz des Handelns entrissen wird. Solche Unfreiheit entsteht als Vergewaltigung entweder durch die Dinge und ihre Abläufe oder durch andere Menschen und ihre Anforderungen. Sie widerspricht der Würde der Person, die im Zustand der Unfreiheit nicht mehr um ihrer selbst, sondern um eines andern willen da ist und im extremen Falle als bloßes Mittel zu allerlei Zwecken mißbraucht wird. Nicht zu verkennen ist, daß Irrgänge der Technik immer wieder die Freiheit ungebührlich eingeschränkt und verdunkelt, *unterdrückt* und möglichst ausgeschaltet haben, weil sie den reibungslosen Ablauf der Produktion durch unerwünschte Eigeninitiativen stört. Nach ihrer echten Eigenart hingegen kennt sich die Technik als eine Seite des menschlichen Wirkens, die nicht dessen Ganzheit verschlingen darf, sondern ihr zu dienen hat. Daher gilt es, in der technischen Teilverwirklichung des Menschen jederzeit seiner Gesamtvollendung und damit seiner Freiheit zum Durchbruch zu verhelfen und folglich unablässig um die dazu erforderliche *sittliche Kraft* zu ringen.

Die Freiheit geleitet uns zu einem dritten Zug innerhalb der Praxis hin. Jeder Mensch hat nämlich mit seiner eigenen Freiheit diejenige aller anderen zu wahren; das verlangt die unantastbare Würde, die sich gleichermaßen in sämtlichen Menschen findet. Damit begegnet der Mensch, der die Person in sich selbst sichtet, der Person in den anderen, wodurch sich seine oben besprochene Begegnung mit den Dingen in der Begegnung und Auseinandersetzung mit seinesgleichen vollendet. Wenn wir die tätige Beziehung zu den Dingen als *Arbeit* faßten, so wird diese jetzt durch den *Dialog* ergänzt, der im Gegensatz zu der Arbeit Gegenseitigkeit oder *Gleichordnung* besagt, die namentlich die Freiheit betrifft. Die Unterordnung, die das Zusammenleben und Zusammenwirken verlangt, baut auf der Gleichordnung auf und darf diese niemals zerstören. Folglich ist die darin liegende Beschränkung der Freiheit der einzelnen nur in dem Maße zulässig, wie sie der größeren oder vollen Freiheit aller dient. Erst im gleichzeitigen Wahren und immer volleren Verwirklichen der Freiheit aller prägt sich das *Menschliche* wahrhaft und ganz aus.

Darauf muß das technische Zeitalter hinzielen, wenn es alle Überbleibsel und Spuren von Unmenschlichkeit überwinden und ausmerzen will. Allein auf diesem Wege wird alle *Ausbeutung* ein Ende nehmen und werden die Unterschiede von Arm und Reich ihre unerträgliche Schärfe verlieren und fortschreitend gemildert werden. Zugleich wird die durch die Maschinen vermehrte *Produktion* nicht mehr ins Ungemessene zur Bereicherung weniger Einzelner, Gruppen oder Völker wuchern, sondern allmählich geordnete Bahnen gewinnen, indem sie auf die möglichst gute Versorgung aller mit Gütern ausgerichtet ist. So wird ein Wohlstand erreicht, der die zunehmende Befreiung aller mit sich bringt und die errungene Freiheit sichert.

Dieses scheinbar utopische oder unrealistische Ziel läßt sich allein dadurch erreichen, daß die Freiheit des Menschen und zwar aller Menschen *ernst genommen* und in ihrer ganzen Tiefe begriffen wird. Damit kommt es auf ihr Gründen in der menschlichen Gesamtvollendung und folglich in der Ausrichtung auf das letzte Gesamtziel an. Wer jeden einzelnen Menschen in diesem Lichte oder auf diesem Hintergrund sichtet, wird von der Freiheit aller so ergriffen, daß er imstande ist, sie selbst gegen die dawider streitenden Strömungen einer übersteigerten Technik durchzusetzen und die dazu nötige sittliche Kraft zu entfalten.

IV. Rückbindung in die Theoria

1. Die Läuterung der Technik von ihrem Unwesen zu ihrem Wesen hat bisher zwei Stufen durchlaufen; sie wurde in das Ganze der Poiesis und mit diesem in die Praxis eingefügt, wodurch aus den vorläufigen Teilzielen das letzte Gesamtziel und damit die menschliche Gesamtvollendung als das Maßgebende für die Teilvollendungen hervortraten. Das *Bedingte* ist von vornherein und wesentlich dem *Unbedingten* eingeordnet, weshalb das Verwirklichen des ersteren auf das Verwirklichen des letzteren ausgerichtet ist. Damit aber das Unbedingte imstande ist, seine *volle Kraft* gegenüber dem Bedingten auszuwirken, muß es selbst ganz zum Vorschein kommen und den Menschen ganz in Anspruch nehmen oder seinem Anspruch ganz unterwerfen. Nun geschah das ansatzweise schon innerhalb der Praxis vermöge der ihr wesentlich innewohnenden und sie durchleuchtenden *Theoria.* Jetzt gilt es, diese *ganz auszuschreiten,* wodurch der ganze Mensch erst ganz ins Spiel kommt und mit seiner vollen Kraft die Läuterung der Technik zum Abschluß zu bringen vermag.

Wie bereits früher dargelegt wurde, ist die Theoria nicht mit der bloßen Theorie im heutigen Sinne gleichzusetzen, also nicht mit einem Wissen, das der Mensch unbeteiligt registriert. Vielmehr bricht die Theoria als jene Schau der Gesamtwirklichkeit bis in ihre letzten Tiefen hinein auf, die den Menschen ergreift und mitreißt und für ihn zum *unbedingten Auftrag* wird. Sie deckt die Grundstrukturen auf, die allem Machbaren vorausliegen und zugleich dafür maß-gebend sind. Ihr volles Ausschreiten vollzieht das Vordringen durch das Welthafte zum Überweltlichen, durch das Physische zum *Metaphysischen,* durch das Relative zum Absoluten, durch das Bedingte zum Unbedingten, durch das Endliche zum Unendlichen. Zuinnerst geschieht sie als die Begegnung des Menschen mit dem *Gott*, der als der Absolute ihn abolut in Anspruch nimmt, der ihn personal anruft und dem er seine Anrufung als personale Antwort entgegenzuschicken hat.

So werden die Begegnung mit den *Dingen* und die Begegnung mit den anderen *Menschen* in die Begegnung mit *Gott* hinein vertieft, durch diese ergänzt und gegründet. Zugleich vollenden sich die *Arbeit* und der *Dialog* im *religiösen* Verhalten; denn als solches stellt sich die eben angedeutete personale Antwort an Gott dar. Dieselben Zusammenhänge treten auf als das Hineinnehmen der Technik in die *Poiesis* als ganze, dieser wiederum in die *Praxis* und dieser in die *Theoria,* die sich selbst schließlich auf das religiöse Verhalten zurücknimmt. Weil die Theoria erst im religiösen Verhalten ganz sie selbst ist, vermag sie auch die anderen Bereiche erst, indem sie diese mit demselben Verhalten durchdringt, ganz zu sich selbst zu bringen. Negativ gewendet: wenn sich die Theoria nicht bis zum religiösen Verhalten verinnerlicht und so ihr Wesen nicht ganz erreicht, bleiben auch die anderen Bereiche ihrem Wesen entfremdet oder ihrem Un-wesen ausgeliefert, was vor allem von der Technik zu sagen ist, deren Meisterung sich also zuinnerst als ein *religiöses Problem* darbietet[37]).

2. Zu dessen Verdeutlichung setzen wir bei der Person und ihrer Würde, bei ihrer Freiheit und namentlich bei der *Freiheit aller* an. Damit sie gewahrt und immer vollkommener ausgeprägt werde, bedarf es der Überlegenheit des Menschen über alle endlich-innerweltlichen Ziele und folglich seiner Ausrichtung auf das überweltlich-unendliche Ziel, wie wir genauer erläutert haben. Dieses eine Ziel, dem jene vielen Ziele dienen, verweist auf Gott, ohne den das eine überweltliche Ziel wegfällt und einzig die vielen innerweltlichen Ziele bleiben. Das aber besagt, daß die eben erwähnte *Überlegenheit* dahinschwindet und der Mensch nicht mehr um seiner selbst, sondern um dieser Ziele willen da ist, daß er sich nicht mehr frei über sie erhebt, sondern in deren Botmäßigkeit gerät. In unserer Situation wirkt sich dieser Abfall des Menschen von sich selbst vor allem bei der Technik aus, deren *Sklave* er wird und gegen deren Sog er nicht mehr die erforderlichen Abwehrkräfte zu entwickeln imstande ist.

Diese Folgerung wird erst recht überzeugen, wenn wir bedenken, daß die Antriebskraft des Sittlichen für unser Handeln in erster Linie aus der absoluten oder *unbedingten Verbindlichkeit* stammt, die ihm eigen ist. Namentlich das Wahren der Würde des Menschen und der Freiheit aller gewinnt sein volles Gewicht erst aus dieser Unbedingtheit oder Absolutheit, ohne die sich gegen solches Wahren nur allzu leicht die Wucht der Technik und der ungezügelten

[37]) „Seine Beziehung zur Welt ist das Abbild und sozusagen die Bestätigung seiner Beziehung zum Jenseits“ (Blin, S. 287; vgl. Fußnote 28).

Leidenschaften durchsetzt, wie die Erfahrung tausendfach lehrt. Besagte Unbedingtheit aber wurzelt in der menschlichen Gesamtvollendung, die selbst wieder das letzte überweltliche Ziel des Menschen voraussetzt, das mit seiner *Ausrichtung auf* den weltüberlegenen, unendlichen *Gott* gleichbedeutend ist; sonst bleibt der Mensch im Bedingten eingeschlossen, weshalb auch alle ihn betreffenden Verbindlichkeiten lediglich von bedingter Geltung sein können. Der absolute Gott aber mit dem von ihm ausgehenden unbedingten Anspruch wird uns von der Theoria enthüllt, und zwar so, daß sie uns unter diesen Anspruch stellt. Wenn der Mensch ihm entspricht, tritt er in das *religiöse Verhalten* ein, in dem Gottes Absolutheit erst zu ihrer vollen Auswirkung für den Menschen kommt. Daher gibt allein das religiöse Verhalten dem Sittlichen und vor allem der Würde und Freiheit des Menschen jene Unbedingtheit und Durchschlagskraft, die auch im technischen Zeitalter ihre Bewährungsprobe bestehen.

3. Gegen das Gesagte wird man einwenden, die Technik habe nichts mit der Religion zu tun, stehe dieser als etwas *Andersartigem* und sogar ihr Widersprechendem gegenüber. Wie zuzugeben ist, besteht der von uns erläuterte, tiefgreifende Unterschied, daß der Technik nächste und innerweltliche Ziele, der Religion aber das letzte Gesamtziel zugeordnet sind. Zugleich ist jedoch zu beachten, daß beide Bereiche wesentlich *Ausgliederungen* des einen menschlichen Wirkens sind, weshalb in jedem von ihnen wenigstens verborgenerweise das Ganze desselben Wirkens und damit auch die übrigen Bereiche am Werke sind. Daher stellt sich die Technik nur insofern als etwas der Religion Fremdes, ja ihr Entgegengesetztes dar, als sie sich in sich selbst *verschließt* oder sich auf ihr ausdrücklich Ausgeprägtes einschränkt und das verborgen in ihr Enthaltene erstickt.

Weil das heute weithin der Fall ist, nimmt sie eine religions-lose oder religionsfeindliche Gestalt an, zieht sie den Menschen von der Religion weg oder macht sie es ihm schwer, religiös zu sein. Sobald sich die Technik hingegen auf ihr volles Wesen besinnt und in dem Maße, wie sie das tut, leuchtet ihr das ihr *innewohnende Ganze* des menschlichen Wirkens auf und tritt aus ihr selbst die Theoria mit allem, was zu ihr gehört, hervor. Damit zeigt sich die Religion als etwas, das nicht fremd und nicht von außen an sie herangetragen ist, sondern als etwas ihr *zuinnerst Zugehöriges,* das den innersten Grund ihres eigenen Wesens bildet. Infolgedessen vollzieht die Rückbindung der Technik an die Religion nichts anderes als die Rückkehr in deren eigenen innersten Grund, wodurch sie erst ganz als sie selbst vollendet da ist, während das Losreißen von diesem Grund die Technik ihrem tiefsten Wesen entfremdet und nur eine verkümmerte oder entleerte Gestalt ihrer selbst übrigläßt. Von der Fülle des Menschlichen, das mit der Religion gegeben ist, durchformt, wohnt der Technik die *Kraft* inne, die sie bedrohende Unmenschlichkeit zu überwinden, der sie ohne diese Durchformung oft widerstandslos verfällt.

4. Warum aber, so wird man weiter fragen, setzt sich die Religion in der Technik nicht deutlicher und *wirksamer* durch? Eine erste Antwort lautet: man stellt die beiden Bereiche noch zu sehr *äußerlich* nebeneinander oder hat noch nicht genug ihre innere Durchdringung innerhalb des einen menschlichen Wirkens begriffen; man vermag sich sogar nicht über ihre heute weitverbreitete Gegensätzlichkeit zu erheben. Zweitens spielt damit die anscheinend unaufhaltsam fortschreitende und durch die entartete Technik mitbedingte Säkularisierung oder *Entsakralisierung* des gesamten menschlichen Daseins zusammen. Drittens trägt die

Religion selbst einen beträchtlichen Teil der Schuld, insofern sie nicht über einen mehr oder weniger *unverbindlichen* Glauben an Gott hinausreicht, statt sich in ihrer unbedingten Verbindlichkeit als die innerste und stärkste formende Macht des Lebens nach all seinen Bereichen zu bewähren. Gottes Einfluß wirkt sich eben erst dann ganz im Leben aus, wenn der Mensch sich ihm öffnet, ihn als Gott ehrt und sich zum Vollstrecker seiner Absichten macht, also das Verhalten ihm gegenüber entfaltet, das wir Religion nennen. Vielleicht wird uns die Technik noch wirksam zu der *wahrhaft gelebten Religion* erziehen; indem nämlich der Schaden, den eine ungebändigte Technik stiftet, weiter zunimmt und wir hilf- und ratlos darunter leiden, kann die Einsicht erwachen, daß einzig ihre Rückbindung in das menschliche Ganze, dessen Seele die Religion ist, die entscheidende Wende zu bringen vermag.

Es könnte wie eine Übertreibung aussehen, daß wir die Rettung des technischen Zeitalters zuletzt allein von der Religion erwarten. Stehen nicht *andere Hilfen* zur Verfügung? Hilfen, die wir anwenden müssen, weil sich die Religion in einer tiefgreifenden Krise befindet, weshalb so und so viele Menschen kein Organ mehr dafür haben! Selbstverständlich bieten sich andere Hilfen dar, die zusammen mit der Religion auszunutzen sind; daher erwarten wir die Rettung von der Religion nur *zuletzt,* während *zunächst* die anderen Kräfte eingesetzt werden. Hierher gehören etwa der Schrecken vor den oben beschriebenen Folgen einer hemmungslos ausbrechenden Technik und die Anziehungskraft einer edlen Menschlichkeit, die erst durch das Bändigen der Technik gewahrt und vollendet werden kann. Doch haben die nächsten Hilfen nur insoweit eine wahrhaft rettende Kraft, als in ihnen die Religion als das Letzte am Werke ist; wird diese gänzlich ausgeschaltet und geleugnet, so büßen auch jene auf die Dauer ihre rettende Kraft ein, wie sich in unserer Zeit mit Händen greifen läßt. Wenn daher dieses Zeitalter an der entarteten Technik zugrunde geht, scheitert es letztlich am *Absterben der Religion.* Folglich darf die Religionsblindheit weiter Kreise nicht dazu verführen, die Rettung endgültig ohne die Religion anzustreben; vielmehr muß sie dazu antreiben, mit allen Mitteln auf die Erneuerung des religiösen Verhaltens hinzuarbeiten. Daran entscheidet sich die Zukunft des technischen Zeitalters.

5. Betrachten wir noch genauer die heutige *Krise der Religion,* die jede Rettung durch sie scheinbar ausschließt[38]). Die Religion ist ihrer selbst nicht mehr *sicher* und behauptet sich deshalb nur zaghaft; insbesondere wagt sie kaum mehr über den Raum der bloßen Innerlichkeit hinauszugreifen und einen formenden Einfluß auf das Leben, namentlich auf die Technik zu beanspruchen. Vor allem wird sie durch den in ihr herrschenden *Pluralismus* gehemmt, vermöge dessen sich ihre verschiedenen Ausprägungen mehr untereinander befehden, als daß sie gemeinsam gestaltend an der Gegenwart mitwirken. — Hierzu ist das oben Gesagte zu wiederholen; man darf daraus nicht die Folgerung ziehen, das technische Zeitalter sei ohne die Religion zu retten; vielmehr zeigt sich noch einmal die *Erneuerung* der Religion in ihrer ganzen *Dringlichkeit.* Ihre Verunsicherung kommt, weil sie nach dem früher Dargelegten ganz aus der Theoria lebt, daher, daß sie weithin ihre lebendige Verwurzelung in deren existenziellem Vollzug verloren hat. Demnach gilt es, ebenso die in der Religion verborgene Theoria neu zu erwecken wie die *Theoria* bis in die vollzogene Religion hinein zu entwickeln. Daraus wird der Religion wieder der Mut zuwachsen, über die bloße Inner-

[38]) *R. Schaeffler,* Religion und kritisches Bewußtsein. Freiburg 1973.

lichkeit hinauszugreifen und sich als gestaltendes Prinzip des Lebens und namentlich der Technik auszuwirken. Was den Pluralismus im Bereich der Religion betrifft, so darf das Austragen der Verschiedenheiten nicht zu einem skeptischen Bezweifeln der Religion überhaupt führen; im Gegenteil muß und kann solches Austragen dazu beitragen, den Wahrheitskern der Religion von verdunkelnden Zutaten zu befreien und immer deutlicher herauszuarbeiten, wodurch sie an wirksamer Kraft zum Läutern der Technik gewinnt. Das wird um so mehr eintreten, je entschiedener die verschiedenen Richtungen von der fast ausweglosen Not des technischen Zeitalters dazu angetrieben werden, ihr Trennendes zurückzustellen und in gemeinsamem Einsatz ihren Beitrag zu der erforderlichen Wende zu leisten.

Schließlich ist noch das Mißverständnis abzuwehren, die *Religion* werde von uns als Mittel zur Rettung einer sterbenden Kultur mißbraucht. Einerseits spricht alles dafür, daß unser technisches Zeitalter einem unaufhaltbaren Untergang entgegenstürzt, wenn die Technik nicht in das Ganze des menschlichen Wirkens zurückgebunden und so von der Religion erfüllt wird. Dabei wird die Religion keineswegs der Technik untergeordnet, sondern diese auf jene *hingeordnet*, indem beide die ihnen zukommende Stelle innerhalb des menschlichen Wirkens erhalten. Andererseits könnte die Religion, die einzig als Mittel zur Rettung der technischen Kultur aufträte, niemals ihr Rettungswerk vollbringen; denn sie wäre ihrem eigentlichen Wesen *entfremdet* und daher ihrer vollen Kraft beraubt, ohne die sie aber, wie wir mehrfach sahen, die unbändige Technik zu bändigen nicht imstande ist.

Näherhin ist die Religion dazu da, daß Gott unter den Menschen nach Gebühr anerkannt und verehrt werde und so die ihm entsprechende Stelle im menschlichen Dasein einnehme; sie ist also zuinnerst *um Gottes willen* und dann erst auch um des Menschen willen da. Allein, wenn sie ungeschmälert Gott gibt, was Gottes ist, empfängt auch der Mensch von ihr, was des Menschen ist. Allein die nach ihrer *ganzen Fülle* gelebte Religion wirkt sich in alle Bereiche des menschlichen Daseins bis zur Technik hin aus und bringt in ihnen so die Rückbindung an das Letzte und Ganze, also an Gott zur Geltung. Dadurch ist das Innerste im Äußersten am Werke und das Äußerste im Innersten gehalten; die Religion verleiblicht sich in der Technik und bewährt an ihr die eigene Kraft, und die Technik vergeistigt sich sozusagen in der Religion und empfängt von ihr ihre letzte Gründung. *Die Religion ist,* was unser Zeitalter betrifft, *ganz sie selbst in der Technik, und die Technik ist ganz sie selbst in der Religion.* In dieser Viel-Einheit seines Wirkens ist der Mensch ganz als er selbst da oder ganz als Mensch verwirklicht. Darum gilt es immer neu zu ringen.

6. Nach allem vertreten wir keineswegs die Auffassung, der religiöse Mensch müsse von der Technik Abschied nehmen und auf deren Errungenschaften verzichten. Im Gegenteil ist gerade der religiöse Mensch imstande, *sich auf die Technik einzulassen,* ohne sich selbst zu gefährden und zu verlieren. Indem er sie, gegen die in ihr lauernden Gefahren gefeit, entfaltet, befreit er sie zu ihrem wahren Wesen und verwirklicht sie als *Weg des Menschen* zu sich selbst, zu seiner *Vollendung*[39]). — Dementsprechend hat die gegen das Religiöse verschlossene Technik noch nicht

[39]) Dazu, daß der Mensch hinter solcher Vollendung zurückbleibt: „Der biblische Gott, der die Welt transzendierte, dem Menschen feste Regeln gab und auf seine Untreue mit immerwährender Treue antwortete, tilgte immer wieder die Fehler des Menschen aus" (Blin, S. 288; vgl. Fußnote 28).

wahrhaft sich selbst gefunden oder kommt sie über eine entartete Gestalt ihrer selbst nicht hinaus. Daher ist das *Durchdringen* der technischen Kultur mit dem Religiösen ein *Dienst an der Technik* selbst. Wenn sie in Wahrheit sich selbst versteht, kann ihr das Religiöse nicht gleichgültig sein wie etwas, das sie nur am Rande berührt oder gar nichts mit ihr zu tun hat; vielmehr leuchtet es ihr auf als der Grund, der sie trägt, oder als die Mitte, um die sie zuletzt schwingt. Dadurch, daß der heutige Mensch meist nicht mehr weiß, wie sehr die Technik nach der Religion verlangt, zeigt er sein Unvermögen, das Tiefste im Wesen der Technik zu fassen. — Freilich leuchten diese Zusammenhänge nur dann auf, wenn die Religion das ganze Leben durchdringt oder als *innerste Wurzel* alles Menschlichen gelebt wird, wenn sie bis in den Alltag hinein sich auswirkt und auch in die technische Kultur hinein sich entwickelt. Erforderlich ist also eine nicht weltfremde, sondern *weltoffene* religiöse Haltung; sie wird unser Zeitalter davor bewahren, an der Technik zugrunde zu gehen.

Achter Teil: Religion und Christentum

I. Christentum als Vollgestalt des Religiösen

1. Fragen wir abschließend, wie sich die vorstehend formulierte Grundeinstellung zum Christentum verhält, ob und inwiefern sie mit ihm übereinstimmt. Dabei ist vor allem entscheidend, wie das, was wir bisher Religion nannten, und das Christentum zueinander stehen. In beiden geht es um die *gelebte Beziehung* des Menschen zu Gott; doch sind die Quellen, aus denen sie gespeist werden, nicht dieselben. Zu der von uns besprochenen Religion erhebt sich der Mensch vermöge der ihm aus der Tiefe seines Wesens zukommenden Offenheit für Gott; das Christentum hingegen entspringt aus der besonderen Selbst-Mitteilung, mit der sich Gott durch seine Offenbarung und Gnade namentlich in seinem menschgewordenen Sohn dem Menschen *erschließt.* Wir können sagen, die Religion als Weg von unten nach oben werde durch das Christentum als Weg von oben nach unten überhöht und auf eine über bloße Menschenkraft hinausgehende Weise vollendet.

Tieferem Eindringen dient die Überlegung, daß die vom Menschen her entwickelte Religion nach dem Ausweis der Geschichte immer wieder auf Ab- und Irrwege gerät und auch oft nicht zu jener vollen Kraft gelangt, die erst das Durchformen aller Lebensbereiche bis in die Technik hinein ermöglicht. Dieses ihr *Unvermögen* zu überwinden, hilft ihr das Christentum, in dem Gott selbst für den Menschen den *Weg bahnt,* der zu diesem innersten Geheimnis führt; vor allem Jesus, der Christus, ist der Weg ohnegleichen, weil er als der Mensch, der Gott ist, die übrigen Menschen zu Gott geleitet. Zugleich hat Gott durch die Menschwerdung den Menschen aus der Ferne der Knechtschaft, in der er seinen Herrn zu verlieren droht, in die *Nähe der Kindschaft* geholt, die ihn zum Finden seines Vaters befähigt. Nach allem verbinden sich die im Menschen wurzelnde Religion und das von Gott begründete Christentum zu jener Vollgestalt des Religiösen, die bloße Menschenmaße überschreitet und mehr als alle anderen Gestalten imstande ist, das gesamte Dasein bis in die Technik hinein zu durchdringen[40]).

Hier drängt sich die quälende Frage auf, warum heute trotzdem die Religion *so wenig* einen bestimmenden Einfluß auf die Technik ausübt. Das hat seinen Grund darin, daß das Christentum zwar dem Menschen ein großartiges Angebot macht, nicht aber seine Freiheit vergewaltigt, sondern ihm die Entscheidung überläßt, ob und wie er auf dieses Angebot eingehen will. Nun wird gegenwärtig das Christentum weithin nicht mehr gelebt und als unerträgliche Last oder als überflüssiger Balast *beiseitegeschoben,* weshalb man sich nicht darüber zu wundern braucht, daß die Religion verkümmert, ihre formende Kraft einbüßt und schließlich der Mensch ohnmächtig einer entarteten Technik ausgeliefert ist. — Verhängnisvoll wirkt sich hier auch jene Auslegung des Christentums aus, die es um seiner reinen Verwirklichung willen unvermengt mit der aus dem Menschen aufsteigenden Religion zu halten bestrebt ist; dahinter steht die Überzeugung von der *radikalen Verderbtheit* dieser Religion, die deren völlige Ablehnung verlange[41]). Im Gegensatz

[40]) *Ul. Mann,* Das Christentum als absolute Religion. Darmstadt 1970. — Die auf K. Barth zurückgehende Redeweise, nach der nur das vom Menschen aufsteigende Bemühen „Religion" genannt wird, während der von Gott selbst eröffnete Heilsweg nicht Religion sei, scheint allmählich überholt.

[41]) Wegen dieser Verderbtheit sollte das Christentum nicht einmal den Namen der Religion tragen.

dazu halten wir daran fest, daß die mit dem Wesen des Menschen gegebene Religion in Christus ihre Erlösung finde und als solchermaßen erlöste durchaus mit dem Christentum vereinbar sei oder in eine Einheit mit diesem einbezogen werden könne, ja jederzeit einzubeziehen sei. Dies vorausgesetzt, fällt eine sogenannte reine oder unvermengte Verwirklichung des Christentums dahin; vielmehr gewinnt es seine echte Verwirklichung gerade *in der Einheit* mit der aus dem Menschen entspringenden Religion. Durch diese schwebt es nicht unfruchtbar über dem Menschen, sondern wird so in ihm eingewurzelt, daß es sich in alle Bereiche seines Daseins, auch bis in die Technik hinein auswirkt, was sonst schwerlich der Fall sein dürfte.

2. In dem eben Gesagten wurde ein Gedanke angesprochen, der noch weiterer Verdeutlichung bedarf. Dabei gehen wir von einem *Fragment* des großen *Heraklit* aus: „Von dem Logos, mit dem sie am meisten vertraut verkehren, sind sie entzweit (entzweien sie sich ständig); daher scheinen ihnen alle Dinge fremd“[42]). Der Logos meint die Urvernunft, das Urgesetz und den Urgrund von allem und deutet damit auf Gott hin. Mit dem Logos aber stehen die Menschen in einem ständigen *Verkehr,* der an Vertrautheit alle anderen Weisen des Umgangs übertrifft und sich dem religiösen Verhalten nähert. Zugleich jedoch ist in dieses Geschehen der innersten Tiefe ein störender Faktor eingebrochen; die Menschen sind in die *Entzweiung* vom Logos geraten und verstricken sich in diese immer von neuem, was mit der die Religion schwächenden und schließlich vernichtenden Gottentfremdung gleichbedeutend ist. Als Folge dieses Verhängnisses zeichnet sich ab, daß den Menschen alle *Dinge fremd* werden oder ihren Händen entgleiten

[42]) Fragment 72.

oder sie die Macht über diese verlieren, ein Vorgang, der sich gerade an der Technik beobachten läßt.

Die hier schon im 6. Jahrhundert vor Christus aufscheinenden Zusammenhänge weisen auf die christliche Lehre von der *Ur- und Erbsünde* hin. Der Mensch des Paradieses lebte in der ungebrochenen Gottesnähe oder in einem so vertrautem Umgang mit Gott, daß wir uns dessen Innigkeit kaum vorstellen können. Aus diesem seligen Zustand fiel er durch eine sittliche Katastrophe heraus, die als Entzweiung von Gott die Vertreibung aus dem Paradies zur Folge hatte. Diese Entzweiung begleitet und belastet den Menschen in allen Jahrhunderten seiner Geschichte, wirkt sich auch heute aus und wird bis zum Ende der Zeiten dauern. Aus der Entzweiung von Gott ergibt sich die Entzweiung gegenüber allen Dingen, weil man ihnen als Geschöpfen Gottes zuletzt einzig von Gott her nahekommen kann. Wer sie ohne Gott in seine Verfügung zu bringen versucht, wird erfahren, daß sie *sich ihm entziehen,* sich selbständig machen, ja sich gegen ihn wenden und zu einer Bedrohung für ihn werden. Christlich gesehen, ist also der heutige Zustand der technischen Kultur nicht ohne die Ur- und Erbsünde zu verstehen, durch sie aber einigermaßen verständlich zu machen. Daraus ist der Sog der Technik erklärlich, der dem Menschen bei deren Bewältigung solche Schwierigkeiten bereitet und so viele seiner Anstrengungen zunichte macht. Wie man zugleich sieht, ist eine Wende allein durch die *Verwurzelung* des Menschen in Gott und damit durch die wahrhaft gelebte Religion möglich.

3. Angesichts dieser Zusammenhänge könnte die *Verzweiflung* erst recht befestigt werden, die den Menschen in der Auseinandersetzung mit der ihn oft wie eine Sturmflut mitreißenden Technik packt. Einerseits ist er wegen der Katastrophe am Anfang seiner

Geschichte in eine Verfassung geraten, die ihm das Meistern der Technik ungeheuer *erschwert;* und andererseits weiß er nicht, nachdem er sich in die Entzweiung verstrickt hat und ständig neu verstrickt, ob ihm der Rückweg zu Gott, der allein ihm helfen kann, *noch offensteht* oder ob Gott ihn annehmen will. Erst die Konfrontation mit dieser äußersten Not führt uns an die Wurzel der Aufgabe, die uns das technische Zeitalter stellt.

Wie uns einzig das Christentum das letzte Verstehen unserer heutigen Situation ermöglicht, so fließt uns auch einzig aus dieser Quelle die *Hoffnung* zu, die uns zur Bewältigung der Verzweiflung befähigt. Dabei sind zwei Schritte entscheidend. Erstens hat nach christlicher (katholischer) Lehre die Urkatastrophe den Menschen und seine Welt nicht radikal zugrunde gerichtet oder der Verkehrtheit unterworfen; daher wohnt ihm nach wie vor der *gesunde Kern* seines nie ganz ausgelöschten, vertrauten Umgangs mit Gott inne oder hat sich die Entzweiung nicht bis in sein Innerstes hineingefressen. Folglich ist er der *Erlösung zugänglich,* die den Kern von der Erkrankung befreit, die ihn getroffen hat, und ihn der Gesundheit zurückgibt. Anders gesagt, kann der vertraute Umgang mit Gott über die Entzweiung erhoben oder zu seiner vollen Kraft befreit und vollendet werden, vermöge der er sich bis in die Technik hinein durchsetzt. — Zweitens hat Gott tatsächlich den schuldigen Menschen nicht verworfen, sondern in grenzenlosem Erbarmen ihn aus seiner Verlorenheit zurückgeholt und mit einer ganz *neuen Gottesnähe* begnadet. Das geschah und geschieht auf die großartigste Weise, die denkbar ist, indem der ewige Vater durch die *Menschwerdung* seines Sohnes die ganze Menschheit in seine Herrlichkeit zurückbindet, indem Christus als unser Bruder auf unsere Seite tritt und uns durch seinen Opfertod mit seinem Vater versöhnt. In Christi erlösender Gnade kommt Gott mit seiner Kraft stets unserer Schwachheit zu Hilfe. In dem Maße, wie wir von dieser Gnade Gebrauch machen und damit unser Gottesverhältnis mit dem ihm angemessenen religiösen Verhalten ganz leben, sind wir imstande, die Technik in das Ganze des Menschen zurückzubinden und so zu meistern.

II. Die Bedeutung der Menschwerdung: Chalzedon

1. Suchen wir noch tiefer zu begreifen, welche Bedeutung in der Menschwerdung für das innerweltliche Tun und namentlich für die Technik ruht. Um das zu erläutern, gehen wir auf die Glaubensformel des Konzils von Chalzedon zurück, nach der Gott und Mensch in Christus zwar ungetrennt, aber unvermischt sind. — Insofern der Mensch-in-Christus *ungetrennt* vom Sohne Gottes lebt, ist der Mensch mit allem, was zu ihm gehört, in die Herrlichkeit Gottes hineingenommen, von ihr durchstrahlt und durch sie geheiligt. Ungetrennt heißt weiter, daß sogar der auferstandene Herr das Menschliche nicht von sich abtut und hinter sich läßt, sondern für alle Ewigkeit in diesem Menschlichen lebt. Damit vollzieht Gott in der Menschwerdung das große, nie mehr zurückzunehmende *Ja zum Menschlichen* sowie zu dessen sämtlichen Entfaltungen bis hin zur Technik; sie ist gut und soll sein. Zugleich ist durch die Menschwerdung alles Menschliche in Gott *gehalten*, weshalb es auch für das Technische keine totale Entsakralisierung gibt und seine *Durchdringung* mit dem Religiösen hier seine tiefste Rechtfertigung findet. Aus dem Ja Gottes ergibt sich auch für den Menschen das volle Ja, das all seinen Umgang mit der Technik durchseelt und leitet. Freilich geht es wie

beim Ja Gottes um das Ja des Menschen zu der in Gott gehaltenen und daher von der Religion durchformten Technik. So wird die Technik durch das von der Menschwerdung her bestimmte Ja des Menschen zu ihrem wahren Wesen befreit und vollendet, keineswegs aber verkürzt und verworfen, wie es mißverständliche Deutungen des Christlichen darstellen.

2. Insofern der Mensch-in-Christus *unvermischt* mit dem Sohne Gottes lebt, ist der Vermischung zwischen dem Menschlichen und dem Göttlichen, dem Sakralen und dem Profanen, wie sie für das vorchristliche Heidentum kennzeichnend ist, ein Ende gesetzt[43]). Im Gegensatz dazu ist das Menschliche vom Göttlichen und das Profane vom Sakralen *freigegeben*, wodurch es sich in seiner eigenen Art und eigenen Gesetzlichkeit ungehemmt entfalten kann. Das war und ist für die abendländische Geistesentwicklung, für die europäische Kunst und Wissenschaft bis zur Technik hin von unabsehbarer Bedeutung; erst und allein auf diesem Boden sind sie möglich geworden; der ferne Osten hat, auf das aus dessen eigenen Antrieben Hervorgegangene geschaut, nichts Vergleichbares aufzuweisen.

Auf dem so gegebenen Feld haben sich zwei Extreme entwickelt. Das eine Extrem ist die fortdauernde oder erneuerte *Bevormundung* des Profanen durch das Sakrale, wodurch die eigenständige Entfaltung des letzteren behindert und in manchem sogar vereitelt wurde. Dadurch und durch das Mißbrauchen des oben genannten Freisetzens wurde das entgegengesetzte Extrem hervorgetrieben, nämlich das übersteigerte *Ausbrechen* des Profanen aus dem Sakralen bis zur Feindseligkeit und Verschlossenheit des ersteren gegenüber dem letzteren, die mit der zerstörenden Hypertrophie des ersteren, namentlich der Technik

[43]) Dafür kennzeichnend ist das alte Wort: „Alles ist voll von Göttern“.

Hand in Hand ging. Im Überwinden der Extreme sind heute als Gebot der Stunde die echten Folgerungen aus jenem Freisetzen zu ziehen. Damit kommen wir, was unsere jetzige Situation betrifft, zum *vollen Entfalten* der Technik nach ihrer Wesensart und Eigengesetzlichkeit und in untrennbarem Zugleich zu deren *Einbetten* in das Sakrale oder Religiöse, in dem das Ganze des menschlichen Wirkens gipfelt. Diese ausgewogene, von unserer Zeit verlangte Lösung ist nach ihren beiden Dimensionen im Geheimnis der Menschwerdung vorgezeichnet und wird durch die aus diesem uns zuströmende Gnade ermöglicht.

III. Kreuzigung und Auferstehung

1. Allerdings erneuert auch die Menschwerdung nicht das ungebrochene Paradies des allerersten Menschheitsanfanges. Vielmehr stellt sich der Menschgewordene als jener dar, der zuerst der Gekreuzigte und dann erst der Auferstandene ist[44]). Als der *Gekreuzigte* sühnt er die Schuld der Welt oder erlöst er uns von all den Abwegigkeiten und Verkehrtheiten, in die wir uns verstrickt haben. Als der *Auferstandene* setzt er den Anfang der erneuerten Schöpfung, in der es keine Verirrungen mehr gibt oder sich das Sakrale und das Profane, Gott und Mensch in vollendeter Harmonie zusammenfinden, statt entweder im Bevormunden oder im Ausbrechen einander zu widerstreiten. Nun ist die gesamte Geschichtszeit vom Geheimnis des Gekreuzigten und des Auferstandenen geprägt, weshalb sie sich *durch die Kreuzigung zur Auferstehung* bewegt. Nie ist volle Auferstehung ohne Kreuzigung, aber auch nie bloße Kreuzigung ohne Auferstehung

[44]) *J. Lotz*, Kreuz und Auferstehung. Frankfurt 1969.

stehung; vielmehr breitet sich durch die immer wieder geschehende Kreuzigung die Auferstehung allmählich umfassender und tiefgreifender aus. Das ist die Gesamtlinie, die im Lauf der Jahrhunderte unerschütterlich durchgehalten wird, was freilich nicht ausschließt, daß es auch Rückschläge gibt.

In diesem Lichte gilt es, um nicht einem naiv überspannten Optimismus zu verfallen, die künftige Entwicklung bezüglich der *Technik* zu sehen. Ihre Läuterung geschieht nicht von heute auf morgen, sondern durch lang dauernde *Kreuzigung,* die sie von ihrer lebensfeindlichen Entartung und so zu ihrem wahren Wesen befreit. Damit fängt aber in ihr die vom Auferstandenen *erneuerte Schöpfung* an, wodurch sie sich harmonisch in das Ganze des menschlichen Wirkens einfügt und namentlich von dem Religiösen durchformt wird, das im Christlichen seine Vollendung erreicht. Erst mit dem Ende der Zeiten wird alle Kreuzigung vorüber und die in der Auferstehung erneuerte Welt vollendet sein. Diesen Zustand faßt die Hl. Schrift in das Wort vom neuen Himmel und der neuen Erde, auf der die Gerechtigkeit wohnt[45]) und damit der Ausgleich erreicht ist, der allen Streit hinter sich läßt. In die dazu hinstrebende Dynamik der Geschichte gehört auch die Technik hinein, deren Bewältigen also in der Menschwerdung vorgezeichnet und ermöglicht ist. Folglich liegt in der drängenden Aufgabe, die uns die Technik stellt, nicht nur ein, wie wir bereits sagten, *religiöses,* sondern auch ein *christliches Problem.*

2. Von hier aus zeigt sich mit aller Deutlichkeit, daß das Christentum sich als *weltgestaltende Macht* zu verwirklichen und zu bewähren hat, statt sich lediglich auf eine Angelegenheit der persönlichen Frömmig-

[45]) 2 Petr 3, 13.

keit oder des Kirchenraumes zu beschränken. Das *welt-lose* Christentum, mit dem die welt-lose Religion Hand in Hand geht, hat im Laufe der Neuzeit das weltgestaltende Christentum des Mittelalters mehr und mehr verdrängt; Gott entflieht zunehmend in ein nahezu unzugängliches Jenseits, als ob nie die Menschwerdung stattgefunden hätte. Diese Entwicklung trägt einen großen Teil der Schuld daran, daß es zu der uns gefährdenden und quälenden, *religions-losen* und christentums-feindlichen Technik gekommen ist. Freilich hat diese auch ihrerseits das Christentum und damit die Religion fortschreitend in ein unfruchtbares Ghetto-Dasein verwiesen. Daher verlangt die heutige, von der Technik bestimmte Situation ein Christentum, das sich seiner weltgestaltenden *Verantwortung* bewußt ist und die Mühen eines dementsprechenden Handelns auf sich nimmt. Einen überaus kostbaren Ansatz dazu bietet das Dekret „Freude und Hoffnung" (Gaudium et Spes) des Zweiten Vatikanischen Konzils, in dem die von der Gegenwart geforderte Einstellung zum Durchbruch gekommen ist[46]). Wie sich das *Christentum* gerade am Heimholen der Technik, in dem die heute fällige Gestaltung der Welt geschieht, *ganz als es selbst* bis in letzte Folgerungen hinein verwirklicht, so findet auch die *Technik* als die heutige Gestalt der Welt genau in jenem Heimholen *ganz sich selbst.*

IV. Das ganz gelebte Christentum

1. Dem Auftrag, der sich hier abzeichnet, ist das Christentum nur dann gewachsen, wenn es die Krise, von der es gegenwärtig heimgesucht wird, überwindet,

[46]) Titel „Die Kirche in der Welt von heute" (Ausg. 112 S. Trier 1967).

indem es auf neue, unserer Situation angemessene Weise in die *Fülle seiner selbst* hineinreift. Daran zu arbeiten und dazu aufzusteigen, schuldet das Christentum nicht nur der heutigen Welt, sondern auch sich selbst. Das schuldet es dem *technischen Zeitalter,* weil dieses nach unseren Darlegungen letztlich allein durch die voll gelebte Religion gerettet werden kann, die nach Gottes Plänen und nach der abendländischen Geschichte mit dem voll gelebten Christentum zusammenfällt oder wenigstens nicht ohne dessen Beistand zu verwirklichen ist. Das schuldet das Christentum auch und vor allem *sich selbst,* weil es vor Gott nur in dem Maße zu bestehen vermag, wie es der ihm aufgetragenen Sendung treu ist, wozu zusammen mit der Sorge für das ewige Heil das Durchdringen des Zeitlichen mit dem Ewigen, also der Technik mit dem Religiösen gehört.

2. *Welche Wege* zu diesem Ziel zu beschreiten und welche Mittel anzuwenden sind, haben wir innerhalb des hier gegebenen Rahmens nicht im einzelnen auseinanderzusetzen. Ein Hinweis sei im Anschluß an Kierkegaard gestattet, dessen Unterscheidung der subjektiven von der objektiven Wahrheit eine wichtige Hilfe bietet[47]). Bei der *objektiven Wahrheit* geht es allein um das Objekt oder den Gehalt, den der Mensch unbeteiligt und unbewegt registriert. Bei der *subjektiven Wahrheit* hingegen kommt es zugleich auf die Haltung an, mit der das Subjekt oder der Mensch als Beteiligter und Bewegter, als Ergriffener und oft Überwältigter die Wahrheit aufnimmt; dabei eignet er sich die Wahrheit an und macht er sie zu seiner Wahrheit, indem er mit ihr verwächst, sie nicht nur hat, sondern sie auch ist. Offenbar ist das unbeteiligte

[47]) Von Kierkegaard vor allem in der „Abschließenden unwissenschaftlichen Nachschrift" (I. Bd.) entwickelt. Düsseldorf 1957.

Registrieren bei den Wahrheiten am Platze, denen kaum eine oder nur wenig Lebensbedeutung zukommt. Das beteiligte Ergriffensein hingegen entspricht den Wahrheiten von hoher und höchster Lebensbedeutung; wer auch ihnen unbeteiligt gegenübersteht, verdunkelt und schwächt ihre Lebensbedeutung, tut so, als ob ihnen keine oder nur geringe Lebensbedeutung zukäme, und läßt sie auf jeden Fall nicht ihre volle Auswirkung erreichen. Folglich ist das voll gelebte Christentum einzig in der Gestalt der subjektiven Wahrheit oder der *leidenschaftlichen Ergriffenheit* möglich; aus ihr allein erwächst die unüberwindliche Überzeugungskraft und die alle Hindernisse meisternde Tat. Daß ein solches Christentum aufblühe, ist für die Zukunft des technischen Zeitalters entscheidend oder eine Frage auf Leben und Tod, weil nur so die Rückbindung der Technik in das Ganze des menschlichen Wirkens und Lebens gelingen kann.

Unter den Wegen, die dazu führen, wird heute die *Meditation* von vielen beachtet und geübt[48]). Ihr wenden sich die Menschen aus dem Gespür zu, daß sie sich im Ewigen festmachen und so den inneren Kraftvorrat steigern müssen, um den äußeren Wirbel in ihre Verfügung zu bringen, statt daran zugrunde zu gehen. Nun werden manche durch das Meditieren dazu verführt, dem Christentum zu entsagen und von östlichen Weltanschauungen das Heil zu erhoffen; von diesen meinen sie nämlich mehr Kraft zu empfangen als von einem Christentum, dessen voll gelebte Gestalt sie nicht kennen. Das sind Ab- und Umwege, obwohl nicht zu leugnen ist, daß uns der Osten wertvolle Anregungen zu bieten hat. Hier zeigt sich von neuem die Dringlichkeit des voll gelebten Christentums, das

[48]) *J. Lotz*, Kurze Anleitung zum Meditieren. Frankfurt 1973; *Kl. Tilmann*, Die Führung zur Meditation. 2 Bde. Einsiedeln 1971/1978.

im *christlichen Meditieren* heranreift, wobei sich unserer eigenes Erbe mit östlichen Methoden verbinden kann. Die Meditation kündigt die *Wende* an, mit der sich die technische Kultur gegen den Sog nach außen dem Zug nach innen öffnet.

Als *Zusammenfassung* unserer gesamten Darlegungen stehe am Schluß ein Wort des Apostels Paulus: „Alles ist euer, ihr seid Christi, Christus aber ist Gottes!“[49]) „Alles“ meint die ganze Schöpfung und in unserem Zusammenhang die *technische Kultur*. „Euer“ weist darauf hin, daß wir dieser Kultur nicht als unterworfene Sklaven, sondern als überlegene *Herren* gegenüberstehen. „Christi“ stellt uns die Kraft des voll gelebten *Christentums* vor Augen, die uns in den Stand setzt, jene Herrschaft zu verwirklichen. „Gottes“ läßt Christus, den Menschgewordenen, als den Mittler zum drei-einigen Gott erscheinen, wodurch das Christentum als die uns aufgetragene Gestalt der voll gelebten *Religion* auftritt.

In die Ordnung, die der angeführte Schrifttext mit wuchtigen Worten zum Aufleuchten bringt, eingefügt, wird die technische Kultur den Menschen nicht zerstören, sondern zu seiner Vollendung beitragen. Darin liegen *günstige Vorzeichen* für die Zukunft des Abendlandes und der Welt.

[49]) 1 Kor 3, 23.